knapp

Thomas C. Breuer

Schweizer kreuz weise

Ein Sonderdruck der Originalausgabe, die 2015 unter dem Titel «Schweizerkreuz und quer 2.0» in der *Perlen*-Reihe erschienen und noch immer lieferbar ist.

knapp

*Aus der Originalausgabe von 2000, mit freundlicher Genehmigung des Maro-Verlags, Augsburg. Vielen Dank an Benno Käsmayer.
Alle Texte sind vollständig überarbeitet.

Inhalt

1
Il Baretto

Das Aquarium Schweiz. Grosse Fische, kleine Fische, Piranhas und Guppys.
Das *Il Baretto* ist ein gläserner Kasten im Zürcher Hauptbahnhof, nahe der Perrons 16 und 17 oberhalb der Rolltreppen in bzw. aus Richtung Shopville® und den Eingeweiden der S-Bahn. Man sitzt, besser: thront wie auf einem Hochsitz oder hockt in einem Raumschiff, das soeben auf dem Planeten Heidiwood® gelandet ist. Wobei eher die Info-Stelle der *SBB* zur Rechten nach Utopia aussieht, da sie streng genommen einer knallroten Badewanne mit Aufsatz gleicht. Oder doch einem Ufo? Einem Info-Ufo?

Vor dem Etablissement ein kleiner Boulevard mit fünf Tischen. Drinnen wie draussen hat man kaum Möglichkeiten, sein Gepäck so zu deponieren, dass es niemandem im Weg ist; aber in den Zügen ist das ja auch nicht anders, ein gutes Training mithin. Das Rattern der Anzeigetafel kann man sogar im Café vernehmen, leider nicht mehr lange, bald kommt die Elektronik. Das *Il Baretto* präsentiert die Schweiz kompakt, alle Kantone sind vertreten plus Exoten, und hier kann ich getrost sitzen, bis mein Zug sich an die Spitze der Tafel gerattert hat.

Il Baretto – wenn man den *Google-Translate*-Übersetzer vom Italienischen ins Deutsche konsultiert, liefert der als Übersetzung: *il baretto.* Grazie. Beinharte Recherche beim Betreiber: Der Name käme aus dem Mailänder Dialekt, schreibt Frau Candrian, und bedeute: kleine Bar. Eigentlich hätte man sich das denken können. Auch die güldenen Zuckersäckchen führen den dezent grossspurigen Namen, der Zucker selbst stammt aber, wie es sich für eidgenössischen Zucker gehört, aus Rupperswil. Manchmal sind die Zuckersäckchen aus, dann gibt es welche aus dem Konzern, jedes Mal eine kleine Enttäuschung. Einerseits spricht das für eine schlechte Dispo, andererseits aber für einen guten Geschäftsgang, wovon auch die leicht zerschlissenen Hocker und die «e chli» ramponierten Tische Zeugnis ablegen, beim Italiener kommt das ja immer gleich charmant rüber. Das *Il Baretto* trägt den italienischen Namen, folglich hängen die *Gazzetta* und der *Corriere del Ticino* am Haken, die Sammelbegriffe über der Bar sind italienisch: *Bevande, Dolce* usw. Glücklicherweise müssen die *Baristas* aber nicht zwanghaft italienisch parlieren wie in manch anderer angesagter Lokalität, wo sich viele Angestellte aus Portugal oder dem Kosovo das Radebrechen mit Grandezza erst mühsam draufschaffen müssen. Nur zu einer Unart hat man sie vergattert, zur Frage, die mittlerweile leider zum gastronomischen Dauerbrenner avanciert ist: «Darfs noch etwas zum Essen dazu sein?» Ob das wirklich umsatzfördernd ist? Der Autoverkäufer fragt doch auch nicht nach erfolgter Transaktion: «Darfs vielleicht noch etwas zum Fliegen dazu sein?» Wobei ich niemanden auf dumme Gedanken bringen möchte.

Die Rolltreppe darf man nicht vergessen. Nirgends liegen Aufstieg und Abstieg näher beieinander. Wissenschaftliche Studienversuche, wer z.B. die Treppe benutzt und wer nicht, führen zu keinem Ergebnis. Die Rolltreppe verführt zum Multitasking, man muss nur am Ende der Fahrt schauen, dass man nicht der Länge nach hinschlägt. Einige telefonieren bzw. checken ihre Mails, andere geniessen diesen Moment der Kontemplation, andere starren angestrengt vor sich hin oder auf die Stufen, wieder andere essen, *food to roll* statt *to go.* Die Unternehmungslustigeren nehmen die Treppe, und die, die den Hals nicht voll genug kriegen können, rasen darauf, abwärts wie aufwärts. Damit jedem klar ist, wie das funktioniert, hat man auf die jeweils rechte Seite jeder Stufe ein gelbes Paar Schuhsohlen nebeneinandergepinselt, links dann nur jeweils einen Abdruck, rechtslinks abwechselnd, um Bewegung zu simulieren. Der Grundsatz «Rechts stehen, links gehen» könnte natürlich ebenso als Anleitung für das wirkliche Leben gelten, *honi soit qui mal y pense.* Menschen verschwinden in den Bahnhofsgedärmen, wieder andere spucken sie aus. Jeder bewegt sich, als wüsste er, wo er hin will – vielleicht nach Hinwil? Oder zum Zug nach Zug? Manchmal fragt man sich doch, wie sinnvoll dieses Gerenne ist. Wie beim Gubrist gibt es drei Spuren. Meist ist Mittag, wenn ich meinen Hochsitz beziehe, da streben die Leute eher nach oben. Wie Maulwürfe kommen sie ans Tageslicht, wobei im Gekröse des Bahnhofs die Dunkelheit ja aufgehoben ist. Es verbietet sich also, von lichtscheuen Zeitgenossen zu sprechen. Nach vier Uhr nachmittags ist das anders, da überwiegt die Zahl derer, die nach unten schwärmen, manch einer möchte vielleicht sogar im Untergrund verschwinden, vielleicht gar im Erdboden versinken.

Im Frühjahr registriert man bevorzugt Skates, im Winter vermehrt Krücken, auf der Rolltreppe ist das nicht ungefährlich. Alle Weltanschauungen sind vertreten, vom verspäteten Punk bis zum

Dalai-Lama-Ersatz. Mal Catwalk, mal Canossa, mal Rock-'n'-Roll-Treppe. Mal Alphorn, mal E-Gitarre. Eine halbe Million Menschen. Banker und Älpler, Gangster und Ärzte, alle da. Und zunehmend mehr, für die der Zug längst abgefahren ist.

Ein Spielraum für Allgemeinplätze: Jeder hat sein Päckchen zu tragen, mühselig sind die Beladenen und dergleichen. Tatsächlich ist das gesamte Bahnhofareal ein Allgemeinplatz, wahrscheinlich der grösste der Schweiz. Aber selbst hier erlebt man eher stille Momente, z.B. gegen 12.40 Uhr am Mittag, wenn tatsächlich nicht ein einziger Zug im Bahnhof steht und man von Gleis 18 bis zum Gleis 3 durchglotzen kann, bis sich dann der TGV von rechts ins Bild schiebt.

Das Leben als ständiges Auf und Ab. Mich wundert, dass mir nicht schlecht wird, schnell werde ich nämlich seekrank. Ich bin natürlich auch schon damit gefahren, komischerweise schaue ich dabei selten zum *Baretto* hinauf. Ich möchte wohl nicht wissen, ob es noch so jemanden gibt, der da ständig hinunterglotzt. Das stete Rauf und Runter hält meine Hirnzellen in Bewegung und die Gedanken im Fluss, hoffentlich. Einmal tief durchschnaufen bei einem Espresso, und dann raus ins

Leben. Das *Il Baretto* bietet die Schweiz wie unter einem Brennglas, dabei bin ich es doch, der im Glashaus sitzt, und solche Leute sollten bekanntlich nicht mit Steinen werfen.

2
Heu!

Alles ist hübscher von aussen.
Man muss nicht hinter die Geheimnisse kommen wollen.

Robert Walser

Deutschdeutsche und Deutschschweizer haben vor allem die Sprache gemein: Englisch. Zur Begrüssung sagen die Deutschdeutschen in der Deutschschweiz stark vereinfachend: «Grütze!» In manchen Regionen wird man dafür geteert und gefederert. Dabei geht es anders. Allein das *Züri-Slängikon,* das Wörterbuch für das Idiom der Region Zürich, listet folgende Floskeln auf: Halä. Sali. Tschou. Kuckuck. Salä. Salve. Tschäse. Ou nei! Wohlgemerkt: Das ist nur Zürich. Und obendrein fünfzehn Jahre alt. Die neueren Ausdrücke möchte man gar nicht kennen. In Bern sagt man «Grüessech», im Oberland «Griassach», «Greyerzer» im Kanton Fribourg und im Oberwallis «Grchchzgch», jedenfalls tönt es so. Die Registrierkasse in Chur blinkt mir ein schwungvolles «Grüazi» entgegen, im Kanton Uri heisst es «Tagwohl» bzw. «Öla», womöglich gar Gölä»? In einem anderen Lexikon, *Schwyzertüütsch für Weggetretene,* heisst es: «In der Region Bern sagt man ‹Salüü› zum Abschied und ‹Tschou› usw. zur Begrüssung!»

Was hat es nur mit dem schweizerischen Grüssmanagement auf sich? Argwohn meldet sich, dass bei den Deutschschweizern – von den anderen will ich gar nicht erst anfangen! – System dahintersteckt. Elsässer beherrschen diese Disziplin weltmeisterlich: Sagt man «Guten Tag», respondieren sie «Bonjour», versucht man es mit einem ordnungsgemässen «Bourgeois!», wird man mit «Guten Tag!» abgebürstet, und lässt man ein gewagtes «Bonjour mitnonder!» vernehmen, triumphieren sie mit Heckenwelsch. Ähnlich antworten Helvetier prinzipiell etwas anderes, als man ihnen als Gruss entboten hat. Die wenig sublime Botschaft: «Bild dir nicht ein, dass du uns durchschauen kannst! Notfalls werden wir dich mit Höflichkeiten ersticken!» Als Ausländer – vergiss es! Grussrituale sind Täuschungsmanöver, die vorwiegend Demütigungszwecken dienen. Das ist nicht einfach, «... das schisst mi aa, es schtresst mi, es belaschtet mi, s macht mi fertig, s fahrt mer schlächt ii!» (Vorschläge des *Züri-Slängikons*). Sollten alle Degradierungsstrategien nichts fruchten, fangen sie an, alle Namen, die man weltweit auf der zweiten

Silbe betont, auf der ersten zu betonen: Yvonne, Nicole …

Eine Begrüssungsfloskel habe ich bewusst ausgespart, es ist das wohl am häufigsten angewendete «Heu!» *[hoi]*. Mit diesem knappen Wort dringen wir in die Grenzgebiete von Begegnungsformen und Virenübertragungen vor und nähern uns damit ein wenig der Schweizer Seele, falls das irgendwie möglich ist. Wie dies? Nun, nirgends bereiten Erkältungen grösseres Vergnügen als in der Schweiz. Röchelprofis werden das bestätigen. Der Autor, genannt «El Broncho», ist z.B. rund ums Jahr angegrippelt, und falls zufälligerweise einmal nicht, muss es sich um eine psychosomatische Störung handeln. In der Schweiz trifft man auch jenseits der Pfnüselküste Leidensgenossen mit Nasen, deren kräftiges Rot dem der Nationalfahne in nichts nachsteht. Aber sie leiden nicht, im Gegenteil. Schweizer sagen freiwillig: «Hoi, Schnupfen!» Oberflächliche Erklärung: Ohne Erkältungen hätten sie Schwierigkeiten mit den kehligen Rachenlauten bzw. rachigen Kehllauten, die nicht durchgängig appetitlich klingen, aber dennoch hygienischer sind als die urtümlichen Tiroler Grunzgeräusche, die dem Gesprächspartner je nach Talherkunft an die Wange gerotzt werden. Freilich gibt es eine übergeordnete Ebene. Über

75 Prozent des nationalen Alkoholbedarfs werden über Erkältungsmittel abgewickelt, um nicht zu sagen: damit kaschiert. Die Folgen sind klar: Viele stecken sich absichtlich an, nur um in den Genuss der Präparate zu kommen. Deutsche küssen, wenn es unbedingt sein muss, maximal einmal auf die Wange, Holländer zweimal, die Schweizer im Minimum dreimal, nur um sicherzugehen, dass sich die Bazillen und Viren überall verbreiten. Auf verquere Art und Weise treffen sich dabei Calvinismus und Katholizismus: Indem sich der Schweizer unentwegt erkältet hält, kombiniert er Busse mit Genuss.

Kein Land der Welt verfügt wohl über ein derart breit gefächertes Angebot an Erkältungspräparaten, ein Paradies für – und da kann man ja heutzutage ganz offen drüber sprechen – homöopathisch Veranlagte, die sich bei jedem Zipperlein gleich das Kügelchen geben. Der Fachbegriff lautet: Globulisierung. Jeder Helvetier ist sein eigener Hals-, Nasen- und Blasenspezialist. Der *Bündner Röteli,* ein Likör, der eindeutig nach Hustensirup schmeckt, war als Likör ein völliger Flop, weshalb man, um die Umsätze zu beflügeln, kurzerhand das Wort «Hustensaft» aufs Etikett druckte. Seither konsumieren ihn die Kunden in unvorstellbaren Mengen. (Achten Sie auf den verräterischen Hinweis: «Man nehme 2 × täglich zu den Hauptmahlzeiten 1 *Liqueur*gläschen voll.») Sieht man Menschen durch die Strassen wanken, bei 40-prozentigem Neigungswinkel, also etwa wie bei der Montreux-Oberland-Bahn, weiss man: Das müssen Schwersterkältete sein. Es beginnt bei Halsbonbons: «Zucker, Glukosesirup, Auszüge aus Eukalyptus und die firmeneigene Kräutermischung (Spitzwegerich, Pfefferminze, Thymian, Salbei, Frauenmantel, Schafgarbe, Bibernelle, Malve, Holunder, Schlüsselblume, Ehrenpreis, Andorn), natürliche Aromen (Pfefferminzöl, Eukalyptusöl, Menthol, Farbstoff E 140)» – das tönt alles harmloser, als es ist, denn unter den Nährstoffwerten findet man pro 1000 g nicht weniger als 96 mg mehrwertige Alkohole. Schnapsvögte können ein Lied davon singen: Alkohol wird in der Schweiz den Nährstoffen zugerechnet. Erfreulicher Nebeneffekt: Die Eidgenossen müssen keine Fässer mit Hochprozentigem um den Hals tragen.

John Irving liess Ruth Cole, die Heldin seines Romans *Witwe für ein Jahr,* unentwegt den dreisilbigen Kräuterzucker des Marktführers aus Laufen im Munde führen. Dieser stellte ihm auf seiner Lesereise durch Europa, die er pflichtschuldig leicht angekränkelt antrat, gleich eine ganze Kiste Bonbons zur Verfügung. In Amerika haben danach die Umsätze derart angezogen, dass man in Laufen einen Rabbiner einstellen musste, um den koscheren Markt bedienen zu können. Unter den Herstellern tobte lange ein erbarmungsloser Krieg um Anteile: Die Verhandlungsdelegation eines Konkurrenten aus Beinwil wurde mit einem Bonbonhagel in die Flucht geschlagen, was die aufgebrachten Beinwiler dazu veranlasste, an ihrem Ortseingang das Schild anzubringen: «Spinnefeind mit Laufen BL». Eine Einigung ist nicht in Sicht, zumal die Protagonisten selten nüchtern sind.

Auch Deutsche greifen immer öfter auf die Produkte aus dem Nachbarland zurück, obwohl der Teutone sich stets mannhaft zu seinen Alkoholzeremonien bekannt hat, die er auf Mallorca *[Malle]* sogar zum Kultstatus ausbauen konnte, jedenfalls bis 2014. Mein Schweizer Favorit ist ohne Zweifel *Halsweh Nr. 1* des Hauses Similasan, auf Französisch *Maux de gorge No. 1*. Wobei: So richtig schlägt Nr. 1 beim Autor nicht mehr an, als Profi befindet er sich im Fortgeschrittenenstadium, also bei *Halsweh Nr. 2* – und ist durchaus zuversichtlich, sich sukzessive das ganze Köchelverzeichnis der Halskrankheiten hinunterarbeiten zu können, um irgendwann vielleicht eine Einladung zum *Katarrh Open* zu erhalten.

Unschlagbar, das muss man neidlos anerkennen, ist die schweizerische Gebrauchsanweisung einer Kräutermélange, deren Namen hier nicht preisgegeben werden soll – es handelt sich aber nicht um den beliebten *Glarner Gebirgsverächtertee.* Darin steht, die beste Wirkung des Tees liesse sich erzielen, wenn man ihn schluckweise trönke. Schluckweise! Dem Autor ist nicht bekannt, ob Schweizer beim Trinken über andere Optionen verfügen. Erkältungen jedenfalls ermöglichen ausgiebige Alkoholexzesse unter dem Deckmantel der Wohlanständigkeit. Die Deutschen können lediglich mit einem Aufbrühgetränk namens *Deutscher Brusttee* den Schweizern Paroli bieten, der allerdings so tönt, als habe der Führer persönlich die Mischung zusammengestellt.

In diesem Sinne: Guten Tag! bzw. Ade, ade (Uri)!, Schöne!, Tschäse! Oder, wie der Berliner leider sagt: Bis dannimanski!»

3
EKBTF

Kann man überhaupt halbwegs würdevoll allfällige Klischeeklippen umschiffen? Werden Käse, Kühe, Heidi, Chronometer, Schokolade, Finanzen, entschleunigte Gangart usw. erwähnt, heisst es ungehalten: Was Besseres ist diesem Löli nicht eingefallen! Was also soll man tun? Andererseits bilden Klischees verlässliche Orientierungshilfen, aber übergeht man sie, wird das ggf. als Unterlassungssünde moniert und als Indiz dafür gewertet, dass sich der Autor nicht an die Nationalheiligtümer herantraut usw. Glücklicherweise haben die Schweizer (wie immer) vorgesorgt, ereilt mich doch soeben folgendes Schreiben aus der Bundeshauptstadt:

In der Sache Thomas C. Breuer – im Folgenden Antragsteller genannt – und der *Eidg. Klischeebeseitigungs-Taskforce (EKBTF)* – mit Sitz in Gümligen ergeht folgender Bescheid:

«Dem Antrag des Antragstellers auf Veröffentlichung einer Satire mit dem Arbeitstitel *Die Schwei-*

zer und ihr liebes Geld kann nicht stattgegeben werden. Das Thema wurde bereits allerorts erschöpfend behandelt, ohne dabei den Interessen der Schweiz gedient zu haben. *En detail* hat der Antragsteller dafür Sorge zu tragen, dass sämtliche Anspielungen zu folgenden Themen zu unterbleiben haben:

Wortspiele mit Credit Suisse und Misscredit. (Auch: Miss Credit in jeder beliebigen Schreibweise.) Solche Assoziationen sind albern und korrespondieren nicht mit der Realität. Und ein Säckelmeister ist ein Finanzdirektor und nicht etwa ein Steuerhinterzieher wie Uli Hoeness.

Nehmen Sie dringend Abstand vom Gebrauch des englischen Verbs *switzerlanded* als abwertenden Ausdruck für «Nepp».

Der im Exposé des Antragstellers enthaltene Satz: ‹Dabei liegen Arm und Reich in der Schweiz durchaus nahe beieinander. Schon früh lernt der Primarschüler, dass ein Tennisarm tränenreich sein kann, wohingegen zahlreiche Bürger ein streng entbehrungsarmes Leben führen müssen.› Diese Äusserungen stellen einen nicht zulässigen Angriff auf das Gros der Schweizerbürgerinnen und Schweizerbürger dar. Die Unterschiede zwischen Arm und Reich hätten es verdient, auf positivere Art und Weise herausgearbeitet zu werden.

Reime auf *Rappenspalter (Bankschalter, Sklavenhalter)* sind im Humorspektrum der Sechzigerjahre angesiedelt und haben jedes Anrecht auf Gültigkeit verwirkt.

Der Themenkreis ‹Geldwäsche› unterliegt der *Eidg. Quarantäneverordnung* vom 17. März 1996. Der im Exposé zu diesem Thema angeführte Witz hat in der Realität keine Entsprechung und ist an den Haaren herbeigezogen: Über die Existenz sog. *Geldwaschbären* im Jura ist den zu Rate gezogenen Wissenschaftlern nichts bekannt. Auch die absonderliche Verwendung des Wortes *Geldflüsse* befremdet: Nirgends innerhalb des Staatsgebiets stehen Menschen bis zu den Hüften in irgendwelchen Flüssen, selbst wenn die Gewässergüte des Landes von ausserordentlicher Qualität ist und einer etwaigen Geldwäsche durchaus zuträglich sein könnte. Der Touristikverband Mittlerer Doubs dankt aber dem Antragsteller für die Anregung und bietet diesem an, im Falle einer Werbekampagne à la ‹Geldrausch in Ocourt – erleben Sie den Yukon im Jura› usw. eine ausreichende Vergütung zu zahlen, mittels derer der Antragsteller die Kosten des Verfahrens bestreiten kann.

Die eher despektierliche Bemerkung, Witze dieser Art bezögen sich ebenso aufs Liechtentum Fürstenstein, wo dermassen viel Geld gewaschen würde, dass sich bei den Einwohnern Schwimmhäute zwischen den Zehen gebildet hätten, widerspricht den Tatsachen und kann im Zuge eines gegenseitigen Abkommens mit Vaduz nicht hingenommen werden.

Desgleichen gilt für folgende Formulierungen: *Wischiwaschi, La Wasch qui rit* in allen erdenklichen Schreibweisen und mässig erheiternde Begriffe wie *steuerfusskrank, Kohlebakterien, die treuesten Hände der Welt* usw. – zumal diese nicht annähernd als innovativ zu werten sind. Umgehend tritt ein absolutes Verbot jeglicher Assoziationsketten ‹Schweiz/schwarz› *(Schweizgeldaffäre)* bzw. ‹Schweiz/schwarz› *(Angstschweiz u. Ä.)* in Kraft.

Zu Zeiten der Landsknechte hiess es: ‹Pas d'argent, pas de suisses.› Kein Geld, keine Schweizer. Heute gilt der Umkehrschluss: ‹Pas de suisses, pas d'argent!›

Abschliessend gilt zu bemerken: Es liegt in der Natur der Natur, dass der Mensch ihr die Schönheit, Reinheit und Unberührbarkeit neidet, weswegen Schmutzfinken jeglicher Couleur versuchen, ihr Ansehen zu besudeln. Es muss erklärte Aufgabe der *EKBTF* sein, bestimmte Themen aus der Weltöffentlichkeit herauszuhalten, gerade in Zeiten, da das Ansehen der Schweiz international Schaden genommen hat. Die Intervention der *EKBTF* erfolgt also rechtens, der Antragsteller hat die Kosten des Verfahrens zu tragen.»

4
Senn und Sinnlichkeit

Without the valleys,
I couldn't have enjoyed the mountains.

Skeeter Davis

Schweizer gehen rigoroser mit ihren Ängsten um: Sie bedienen sich dabei simpler Vermeidungsstrategien oder schmutziger kleiner Tricks. Sie erlassen etwa 5500 Gesetze per annum. An den Grenzen haben sie Türsteher aus dem Kosovo installiert. Gegen Universalängste hilft das Universalmesser. In Basel mixen sie unablässig neue Medikamente, gerade erobert die Salbe gegen die brandgefährliche *Eurodermitis* die Märkte.

Wenn ich in der Schweiz wohnen würde und mir eine passende Angst zulegen müsste, für welche würde ich mich dann wohl entscheiden? Eindeutig für die *Akrophobie,* die Höhenangst, denn davon hat man in der Schweiz am meisten. Nirgends in Europa kann man besser in Abgründe schauen. Nirgends kommt man beim Abstieg schneller voran – ausser in Deutschland, auch wenn es da weniger Berge hat. In Deutschland ist der Abstieg dafür sozialer. Höhenangst verursacht beim Patienten Schwindel, Herzrasen und Schweissausbrüche. Nur vor Erdrutschen am Gotthard sollte man Angst haben, aber die könnten ebenso gut inszeniert sein von den Befürwortern der zweiten Röhre. Wobei: Zweite Gotthard-Röhre – braucht diese Schwermetallband wirklich eine zusätzliche Sängerin?

Entsprechend lässt sich nirgends in Europa die Höhenangst besser therapieren als in den Schweizer Bergen, z. B. durch Meditation oder ayurvedische Anwendungen. Am besten unter der Anleitung aparter Alpenpflegerinnen. Für solchen Zinnober sind Schweizer besonders anfällig. «Relaxen Sie eine Woche lang im *Grand Hotel Höhenkoller* und lernen Sie, mit Ihren Ängsten umzugehen.» Der Bergler hat dafür den treffenden Ausdruck gefunden: *Senn-Buddhismus.*

Die Ruhe. Das Einssein mit dem Eruptivgestein. Die follikelstimulierende Magie des Gesteins, die das Reifen felsenfester Überzeugungen ebenso begünstigt wie das der Käselaibe. Entwicklungsgeschichtlich sind die Alpen wesentlich älter als der Himalaja. Die Entstehung des Alpenbogens ist im Paläozoikum vor ca. 300 Millionen Jahren angesiedelt, die Älteren werden sich erinnern. Zu der Zeit hat man im Himalaja noch mit Butan gekocht. Sicher deshalb fühlt sich der Dalai Lama zur Schweizer Bergwelt hingezogen. Goethe hat in seinem *West-östlichen Divan* notiert: «Soll ich dir die Gegend zeigen, musst du erst das Dach besteigen!» Auch Aristrokrates bzw. Aristoteles, wenn nicht gar Aristophanes hielt dermaleinst fest: «Ignoramus et ignorabimus» – Wir wissen es nicht und werden es nicht wissen. Die grössten Philosophen operierten stets von Gipfeln aus: Heidegger, Honecker, Nietzsche, Goudamer, Luis Trenker – alle erfuhren Inspiration im Dahingeworfensein in die grandiose Welt der Alpen. Ohne Frage: Die Schweiz ist das Vordach der Welt.

Schneefelder, wohin das Auge schaut. Darüber der Himmel in einem strahlenden Blau, bald schöner noch als im Plüwa-Wohnwagen. Wer hier auf 2500 Meter Höhe schnauft, schwitzt und stöhnt, hat für Naturschönheiten wie Schwefelanemonen und Rotklee keinen Blick, die völlige Absenz von Edelweiss entgeht einem sowieso. Zweieinhalbtausend Meter, ein gutes Stück auf dem Weg zum Mars. Auf immerhin 1560 Metern treffen sich einmal jährlich Ende Januar die Weltwirtschaftsführer in Davos, einem bevorzugten Paarungsplatz der Alphaschweizer, die auf die Kraft der Berge vertrauen und darauf, dass ihnen die klare, gute Luft die klaren und guten Eingebungen verschafft, derer sie bei der Beantwortung der Fragen nach dem Wirtschaftswarum dringend bedürfen. Von oben herab verliert die Profanität des Alltagsgeschäfts rasch an Wucht. Asienkrise, Eurotaumel, das Schwächeln der Tigerstaaten – davon ist wenig zu spüren. Kein Wunder, dass Davos ein «Weltstrahlungszentrum» beherbergt. Dieses filigrane Gesamtensemble bedarf besonderen Schutzes, gewaltbereite Globalisierungsgegner werden ohne Ansehen der Person zu Bündnerfleisch verarbeitet.

Angehörige des gehobenen Managements, jeder sein eigener Sherpa, schleppen sich in die Abgeschiedenheit hinauf, womöglich Gottes Nähe suchend oder um auf einer Alphütte einsame Entscheidungen zu treffen. Die Alpen sind der Himalaja Europas. Graubünden – das ist schon für viele Eidgenossen der Ferne Osten. Nahe Davos gibt es übrigens eine Lamazucht, die anspruchslosen Tiere eignen sich vorzüglich für Bergausflüge. Auf eine geheimnisvolle Weise, die sich uns Talmenschen nie ganz erschliessen wird, hängt alles zusammen. Wäre das der Ort, den rastlosen Geist zur Besinnung kommen zu lassen? Wie mag es überhaupt um die Seelenbefindlichkeit eines Landes bestellt sein, in dem eine Esoterikzeitschrift namens *Spuren* eine Auflage von 10 000 Exemplaren vierteljährlich erreicht – bei acht Millionen Einwohnern – und deren Redaktionssitz im geheimnisumwitterten Winterthur liegt? Was genau bedeutete dieses rätselhafte Schild, das ich an einem Mülltonnenhäuschen in Andermatt lesen durfte: «Abfälle nur verknotet einwerfen!»? Eine Aufforderung zum tantrischen Yoga? Im Urserental?

Macht Höhenluft gaga? Ohne Frage. Das Tao des Enzians, die Inhalation verflüssigten Murmeltierfetts, das kräftige Fladenbrot. An der Zitze des Universums saugt man die Sonnenmilch der frommen Denkungsart in sich hinein. Nicht zu vergessen die Hustenbonbons von Ri-co-la. Himmlisch. Die Beine verschränken, den Blick talwärts geheftet, allmähliches Einswerden mit der Natur. Gras darüber wachsen lassen. Gelegentliches Verschmelzen mit dem Hirtenhund. Frieden mit den Tieren schliessen, dem Galtvieh beispielsweise, tierisch menschlich. Ein paar Bergkristalle lutschen, bevorzugt Hessonith. Endlich obenauf! Die Luft. Und, ah, die Wiesen – ein offenes Denkgelände für jeden Schwierigkeitsgrad.

Ganz abzuschalten gelingt dem Autor freilich nie. Von der realen Existenz gerade der Schweizer

Berge ist er ohnehin nicht völlig überzeugt. Sieht man genauer hin, fallen einem überall Betonausgüsse, kleine Schlote und Stahlverstrebungen auf: Militäranlagen. Das Schweizervolk ist ein enorm wehrhaftes: Es bleibt der Verdacht, dass das alles gar keine echten Gebirge sind, sondern bloss Reduitreste, also schnödes Verteidigungsbollwerk.

5
Das Schmugglermuseum von Campocologno

«Der Mond gleisst über dem Piz Spiz, doch von drüben, vom Italienischen, treiben dunkle Wolken herüber, Wolken schnell wie der Wind, ungebunden und frei, Wolken, die die Nacht über dem Puschlav verdüstern werden, Wolken, für die es Grenzen nie gegeben hat. Wohl aber für den Menschen, trotz EU und GATT und was nicht alles, und wo Grenzen verlaufen, da hat der Schmuggler sein Revier. Kaum dass die Dämmerung hereingebrochen ist über das Puschlav, ist es Zeit für den Carratsch Ermano, den tollkühnen Helden von Li Curt, den König der Schleichhändler. Aber heuer wird ihm weh ums Herz, es erwartet ihn seine allerletzte Abfahrt. Alt ist er geworden, der Carratsch Ermano, aber das ist es nicht. Schmuggel mag ihm keine rechte Freud mehr sein, die Zeiten sind extrem geraten, der innovative Schleichhändler von heute bewegt andere Konterbande durch die Nacht. Früher waren es Kaffee oder Butter, ärgstenfalls Tabak hat er über den Berg geschafft und Engadiner Nusstorte. Eine ganze Dekade widmete er dem gerösteten Kaffee, von 1965 bis 1974, allein in Brusio gab es damals acht Röstereien, und die schwarzen Bohnen bedurften schwarzer Wege. Dann wurden die Zölle gesenkt, und die Kaffeesäcke gingen leer aus.»

Fast 40 Jahre später wurde in Campocologno mit einem feierlichen Festakt in Anwesenheit von Vertretern des Bundes, des Kantons und auch italienischer Offizieller aus dem Valtellina das erste Schmugglermuseum eröffnet, benannt nach «der Mutter aller Schmuggler», Ermano Carratsch. Der Via-Mala-Hausdichter John Steinbock aus Rongellen las dazu aus seiner im November 2014 erschienen Carratsch-Biografie *La davosa notg,* der wir auch die Einleitung zu diesem Artikel verdanken, wie auch die folgende Passage:

«Ungezählt die Nächte im ewigen Eis: Ohne gültige Papiere den Berninapass hinunter, die schwere *bricolla* auf dem Rücken, ein Ricola im Mund, eine einsame Spur im weissen Inferno, begleitet vom unheimlichen Abgang der Nassschneelawinen und dem Höllgebrumm der Bergamotten. Überall Schnee, der ständig reflektiert, worüber immer. Oft genug verdirbt die Ware im eisigen Odem des frühen Morgens oder verwandelt sich in Tiefkühlkost, um erst taleinwärts sichtlich aufzutauen: *Ura est verfrura,* wie der Puschlaviner sagt. Egal: Das Abenteuer wars, das ihn band im Beruf. Wie er dahinschoss im Schnee, einfach daher und manchmal zurück, *con forza, con spirito,* wie der Italiener sagt, mit Kraft und Geist über Stock und Stein, Gletscherfelder, Eisbecher und wasserreiche Wasserarme, und nicht selten die *finanzieri* im Nacken.»

Die Zeiten haben sich gewandelt. Lange haben sie warten müssen auf eine Würdigung des Schmuggels, der in den Sechzigerjahren nicht nur dem Puschlav bescheidenen Wohlstand bescherte: Auch Bern verdiente kräftig mit, vor allem am Kaffee. Der Bund betrachtete die Transaktionen zwar als illegal, aber nicht zwingend unmoralisch, eine beliebte helvetische Gratwanderung. Nur bei Zigaretten hörte der Spass schnell auf: Da wanderte mancher Engadiner hinter schwedische Gardinen. Doch wegen veränderter Steuergesetze, bilatrinaler Verträge und der Einführung des Euro spielt diese individuelle Interpretation des grenzüberschreitenden Warenverkehrs zum Nachteil der Fiskalinteressen kaum mehr eine Rolle, und ehrwürdige Schmuggler mit dem alten Moralkodex sind im Puschlav mittlerweile so selten wie die Würfelnatter. Sogar der Alkoholschmuggel ist durch die neue

Prosecco-Pipeline zwischen Ogliasca (LC) und Splügen praktisch zum Erliegen gekommen. Aber es nahmen nicht nur Genussgifte ihren Weg. Beispiel St. Moritz und Arosa: Dort galt man in den Fünfziger- und Sechzigerjahren ohne Pudel nicht als Dame von Welt, die Pudelverleiher beider Metropolen konnten die enorme Nachfrage nicht decken und bedienten sich schamlos bei lombardischen Kollegen. Um die rigorosen Quarantänevorschriften zu umgehen, gab es nur die Möglichkeit über die schattigen Pfade oberhalb Vianos.

Über Jahrzehnte dachten die Puschlaver, im fernen Bern wisse man nicht annähernd um die Existenz jenes abgelegenen Tales jenseits des Polentagrabens, oder, um mit Nietzsche zu sprechen, jener Region, «wo Italien und Finnland zum Bund zusammengekommen sind». Der Mailänder Geschichtsschreiber Giuseppe Ripamonti verstieg sich im 17. Jahrhundert gar zu der kühnen Behauptung, dass «alle Verbrecher in den tiefen Bergtälern Zuflucht fanden». In der Erstausgabe seiner *Räuber* pries Schiller ungeniert das «Spitzbubenklima» in Graubünden. Mag sein, dass der vielbeschworene italienische Einschlag neapolitanische Grundzüge trug, Tatsache ist: Es war schwierig, unter solch harten Bedingungen den Lebensunterhalt zu sichern, Unterstützung von aussen gab es kaum.

Da blieb nur die Flucht in die Eigeninitiative. Den mediterranen Umgang mit dem Gesetz nahmen viele in Kauf. Die Bande nach Italien sind historisch: Viele Engadiner verdingten sich in Venetien als Branntweinbäcker und Zuckerbrenner.

Unbestritten der Segen für das gesamte Tal, der Schmuggel bescherte dem Alltagsleben mannigfaltige Verbesserungen. So nutzt das 250 km lange Wanderwegnetz die alten Routen, auch die dazu bisweilen nötigen Schneeschuhe wurden von Schmugglern entwickelt. Das Schlittenhunderennen von Sils ist eine neuzeitliche Variation althergebrachter Verfolgungsjagden. Major Boothroyd alias «Q», der pfiffige Berater von James Bond, hat sich hier manche Anregung holen können. Man denke an Gepäckstücke, die sich mit einem Griff in Fortbewegungsmittel (Schlitten) umwandeln lassen. Überhaupt gründet das gesamte multifunktionale Design der Outdoor-Anbeter auf uraltes Schmugglerwissen. Wer, wenn nicht der Schmuggler mit seinen erregnisbesorgenden Gebräuchen könnte sonst *der* Prototyp des Naturburschen sein, aufgewachsen auf Augenhöhe mit der Sonne, täglich mit dem Antistresshormon ATHC gefüttert, vertraut mit den Launen der Natur und schon von Kindesbeinen wissend, was ein Pass ist? Längst sind die meisten von ihnen abgelaufen.

Im hohen Alter von 86 Jahren hat Ermano Carratsch dem Schmuggel entsagt. Dazu noch einmal John Steinbock: «Früher gings um Ruhm und Ehr und manches Mal ums Leben. Jetzt haben die Quarzköpfe das Sagen, wie der Carratsch Ermano sie verächtlich nennt, weil sie tonnenweise Kugelschreiber mit Quarzuhren und Digitalanzeigen verschoben haben oder Quarzarmbanduhren mit kleinen Taschenrechnern, die aber nicht schreiben können, und jetzt kontrollieren sie die motorisierten Nabobs auf ihren Skibobs, die oberhalb Tiranos die Sore über die Grenze schaffen. Brutale Gesellen, allen voran ihr kasachischer Pate, den jedermann nur unter dem Namen Trapper Toni kennt. Illegale bringt er über die Grenze oder Ladungen Nuklearmülls. Da hat das Böse seine Finger im Spiel, die meisten *capi* sind garstiges Gesindel, Mafiosi, Drögeler, Markenpiraten, weswegen die Grenzwache neben den üblichen Schlawinersuchhunden immer häufiger Helis einsetzen muss. Der Carratsch Ermano versteht die Welt nimmer, fühlte er sich doch zeitlebens einem Motto verpflichtet: ‹Nie Fausto. Nur Coppi!›»

In der Tat ist der Wind rauer geworden. Professionell operierende Banden wie die sog. *Grenz-Gang* aus Milano oder die *Schwarzmehrflotte* aus Trieste haben das Handwerk in Verruf gebracht.

Sie arbeiten Hand in Hand mit der montenegrinischen Zigarettenmafia und türkischen Menschenhändlern. Wobei der Begriff «Schlepper» irreführend ist: Diese Personen tragen gar nichts, vor allem keine Verantwortung. In den letzten Jahrzehnten vollzog sich das Geschäft *one-way* – von Italien in die Schweiz. Das könnte sich ändern, falls das Schweizervolk einmal das Haschisch legalisieren sollte, was den armen Puschlaver Bauern eine neue Einnahmequelle bescheren könnte. Die steilen Hänge bieten optimale Anbauflächen und andere Verdienstmöglichkeiten gibt es kaum. Da dürften interessante Grenzerfahrungen anstehen, die weit über die Experimentierphasen von *Schlummertee* hinausgehen. (Hier noch eine wichtige Erklärung: Der in den Kapseln der weiblichen Pflanze befindliche Wirkstoff THC steht nicht als Abkürzung für «Theologische Hochschule Chur».)

Das zeitlos moderne Museumsgebäude ist ganz aus apulischem Tuffstein gebaut, man traut sich nicht zu fragen, wie das Baumaterial hierhergefunden hat. Jahrelang fühlten sich die *grigioni italiani* von den Eidgenossen stiefmütterlich behandelt, das Puschlav vermarktete sich selbstironisch als Insel, als «Isola Tion». Die Eröffnung des Museums bedeutet Genugtuung und ist sowieso das grösste Ereignis seit dem Bergsturz von Miralago vor 15000 Jahren. Beflügelt durch den Erfolg werden weitere Forderungen laut, wobei eine von ihnen, Schmuggler aus Folkloregründen unter Artenschutz zu stellen, überzogen scheint. Die erste Wanderausstellung im Haus präsentiert übrigens Bilder und Exponate aus dem Goldenen Dreieck, dem Grenzgebiet zwischen Myanmar, Laos und Thailand. Es gibt Stimmen, die behaupten, ein Teil der Artefakte sei nicht zwingend auf legalem Weg ins Land gekommen. Zu den Gerüchten, das Leben des Ermano Carratsch solle von Graubündens Mann in Hollywood, Marc Foster, verfilmt werden, mit Kiefer Sutherland in der Hauptrolle, mochte Museumsdirektor Daniele Ricettatore nicht weiter Stellung nehmen.

«Jetzt, während der Zahnschmelze, da die Granitnasen sich schnäuzen und die Murmeltiere das Gemurmele anstimmen, da nicht nur die Tage, sondern auch die Gesichter länger werden, startet der Carratsch Ermano zu seiner letzten Abfahrt. Wehmut schnürt schier ihm die Kehle zu, der Mund ist ausgetrocknet. Unentdeckt passiert er die Baumgrenze. Droben am Piz Zaiola kann er einen Schluchzer nicht unterdrücken. Vielleicht, dass er im Weissherbst des Lebens sein Tagwerk als Nebenerwerbsyeti für Skiwanderer fristen kann, als *contrabandiero* alten Schlages ist er für immer verloren. Ob unter der Lichtflut der Engadiner Sonne, ob unter dem Flutlicht des Engadiner Mondes, den Carratsch Ermano, den tollkühnen Held von Li Curt, den König der Schmuggler, wird man vermissen», schreibt John Steinbock abschliessend in seiner Biografie. Einen Job allerdings hat er vergessen: den des Ehren-Museumswärters von Campocologno.

6
Forget Graubünden

Werbekampagnen sind Glückssache und nebenbei dankbares Terrain für Agenten der *Eidg. Klischeebeseitigungs-Taskforce (EKBTF).* Gerade in Alpingebieten liegt einiges im Argen. Die Ferienregion Blausee warb einmal z. B. mit dem Slogan: «Kleine Welt. Grosser Genuss. Zum neuen Blausee folgt mir nach!» Was meinten die mit «neuem Blausee»? Hatten sie ihn frisch gestrichen? Gleichzeitig priesen sie ihre «alpine Forellenzucht». Was die wohl unterschied von der gewöhnlichen Forellenzucht – Fische mit Steigeisen statt Flossen? Adelboden wanzte sich so an die Kundschaft: «Abheben und träumen!» Und dann? Die liessen einen kalt lächelnd in der Luft hängen! In Graubünden soll das nicht passieren, wie das folgende Briefing anlässlich eines «konspirativen Meetings» im Restaurant *Marsoel* in Chur zwischen Vertretern von Bündner Tourismusorganisationen und einer Werbeagentur aus Dübendorf beweist. Die Art und Weise, wie der Autor Kenntnis vom Protokoll erhielt, soll nicht weiter erörtert werden, hier jedenfalls der Monolog des Art Directors (Originalton): «Leute, dringend sollten wir über Graubünden reden. Die Farbe Grau ist einfach nicht tragfähig, da ist das Emotionsdesign total uncool. Grauer Alltag, grausam genug. Die grauen Stars von St. Moritz, das hat vielleicht in den Fünfzigern gezogen. Da fallen mittlerweile nicht mal mehr Heiratsschwindler drauf rein. Und heute wird St. Mo künstlich beatmet mit russischer Luft. Wie sagt man in Amerika? *Gunther sucks!* Okay, jetzt auch nicht mehr... Grau ist extrem negativ besetzt, denkt nur mal an graue Eminenzen wie diesen grässlichen Bischof, den wir nach Liechtenstein verscherbeln konnten. Grau steht für den grauen Markt. Wollen wir Mäuse für diesen Kanton begeistern? Na also! Wölfe... auch nicht gerade Sympathieträger. Was wir brauchen, ist eine frische, neue Farbe mit Sexappeal, ein bisschen Style, weg von dieser dämlichen Alpenbarbie. Nein, dieses Baby braucht ein Lifting, und zwar subito, damit dieser Kanton wieder zum Hotspot wird. Seit die Mediziner dahintergekommen sind, wie man Tuberkulose heilen kann, ist die Region doch den Bach runtergegangen. Okiedokie – nur welche Farbe nehmen wir?

Grün? Also bitte! Ihre grösste Zeit hat diese Farbe längst hinter sich. Okay, Grüntee mag vielleicht noch en vogue sein, schmeckt aber grauslig, und politisch hat Grün schon bessere Tage gesehen. Grün können wir unmöglich greenlighten, Leute.

Weiss? Weiss nicht. Skifahren? Weiss doch jeder: Wo Alpen sind, gibts Pisten. Punkt. Die Farbe Weiss ist in letzter Zeit häufig in den Schmutz gezogen worden, Westen wurden durch unsachgemässen Umgang … negativ. Mega-Ablöscher.

Rot? Hahaha. Rote Zahlen, roter Bereich, rot wie Blut, Kommunismus. Ich sag mal: roter Pass, rotes Tuch, rote Karte! Irgendwelche Fragen?

Braun? Gehts noch?

Zu Gelb fällt mir nichts mehr ein. Gelbsucht. Liberale. Young Boys. Gelb ist Neid. Gelb ist tot.

Kommt schon, Kinder, wir sollten mehr zu bieten haben. Denkt nur an unsere Biel-Campaign damals, war doch ein Knaller: ‹Lieber Biel als debil!› Bloss die Welschen hatten wieder null Checkung. Und ‹Pretty Prätti› vor zwei Jahren war doch auch nicht übel, oder? Wir müssen nur die Essentials auf eine griffige Formel bringen, so easy wie ‹McTell›. Die Farben hätten wir fast alle durch, bis auf eine, und, Leute, lasst mich gleich auf den Punkt kommen – die sollte unser Unique Selling Point werden: Blau! No joke. Blau schürt Wohlfühl-Assoziationen. Blaue Augen. Blauäugigkeit. Blauburgunder. Zieht unter dem Namen ‹Blue› sämtliche Kids an. Die Verliebten: Die Blaue Bohne der Rätoromantik, oder… whatever. Blaumachen, Blauer Montag, na, klingelts? Na also. Die Grandhotels bestücken wir mit diesen amerikanischen Ladys mit blauem Naturhaar! Leute, checkts endlich: Blau ist freundlich, himmelfroh, enzianwärts, blaubärtig. Hypersynergien, oder? Apropos, das Merchandising, ich sag nur: Käpt'n Blaubär. Den lassen wir einfach mal ein paar Bergseen besegeln. Ein Bär gibt echt mehr her als die Graugans, vom Wolf ganz zu schweigen. Aber jetzt, Herrschaften, müssen wir dringend über ‹Bünden› reden, logo. ‹Bünden› haftet was Verschwörerisches an. Extrem uncool. Union vielleicht? Vergiss es, Amis müssen da an Gewerkschaften denken. Wir sollten überhaupt mehr auf die hören. Montana hat mit dem Slogan ‹Blue Sky› gigageile Erfahrungen gemacht. ‹Bünden›, sorry, steht ganz oben auf meiner Shitlist. Da muss was Flockigeres her, was Innovatives… Wie nennt man das denn immer, wenn sich was zusammenschliesst? Fusion! Kann man so natürlich nicht sagen, tönt wie Lateinunterricht. Blaufusion! Nee, klingt flach, ist jetzt schon altbacken. Was sagte ich vorhin, was Kids mögen?

Blue! Blue Chips, Blueprints, hey, das ist es: Bluefusion! Das ist Kult, gleich von Anfang an: ‹Forget Graubünden, go Bluefusion!› Wird der Aufsteller, Leute – end of story!»

7
Goethe im Bergell

Goethe schrub am 27. Juli an Sophie LaRoche: «Mir ist's wohl, dass ich ein Land kenne, wie die Schweiz ist, nun geh's mir, wie's wolle, hab ich doch immer einen Zufluchtsort.»

Goethe, neben Heinz Schenk und Bruno Labbadia einer der drei grossen Männer Hessens, war nie im Bergell, nicht im Entferntesten, obwohl es auf seinen zahlreichen Italienreisen kaum Naheliegenderes gab. Rühmte sich zwar häufig seines Forschungsgeistes, der Mann, ging es aber darum, ganze Landstriche zu ignorieren, konnte Goethe eine erstaunliche Zielstrebigkeit an den Tag legen. «S Bergell», soll er einmal gesagt haben, «es reizet mich nicht, verquicken sich damit nur dero allzu offensichtliche Reime wie Quell oder schnell und dergleichen, das ödet mich.»

Goethes italienische Meise darf allgemein als vorausgesetzt gelten. 1775 besuchte er Italien im Herbst, da hätte es ihm ein Leichtes sein können, zumal der Camino durchs Bündnerland keinen Umweg bedeutet hätte. In Goethes Farbenlehre wird jedoch das Grau ausserordentlich stiefväterlich behandelt. Hätte er das Bergell gestreift, hätte er sich obendrein am Kastanienrot entflammen können, eines Farbtons, der diesem Tal allerlei Farbenpracht verleiht, vorrangig den Kastanien.

Vielleicht, dass man ihn allzu sehr bestürmte! Goethe mochte das nicht. Als ihm auf seiner zweiten Italienreise der Dichter Gottfried Telli bei einem Stopover in Basel dringend eine Stippvisite ins Bergell ans Herz legte, weil ihm die Schönheit der Landschaft gewisslich die Sprache verschlagen würde, lehnte der Geheimrat entrüstet ab mit der Begründung, dies sei ja wohl das Letzte, was er anstrebe: dass etwas ihm die Sprache verschlüge!
Gerade das Jahr 1775 war für Goethe bis dato kein erspriessliches gewesen. Vor allem die zweite Oktoberwoche hatte sich mühsam angelassen, als sich horrende Schreibblockaden mit langen Phasen erschreckender Einfallslosigkeit ablösten. Es soll sogar um den 12. herum eineinhalb Tage gegeben haben, an denen er rein gar nichts zu Papier brachte, von ein paar Gedichtlein und Traktätchen, acht Essays und zwei Doppelklaftern Epigramme einmal abgesehen.

Natürlich mag es angehen, dass ihn die Tessiner mit besonderen Vergünstigungen auf die Gotthardroute locken wollten: freie Heissgetränke resp. Lunchpakete, Huckepackservice, Marronimarmelade, kostenlose Bereitstellung von Thermo-Unterwäsche und dero mehr. Man weiss, wie sie sind, die Tessiner: Jahrhunderte später haben sie diesem Hesse für die Fertigstellung seiner *Ticineser Lethargien* einen respektablen Druckkostenzuschuss gewährt. Egal – das Bergell wird darüber hinwegkommen, dass Goethe ihm nie seine Aufwartung gemacht hat. Die Meldelisten der Jahre 1780 bis 1803 verzeichnen nicht einen einzigen Geheimrat v.G., was die Oberen der Gemeinde Bondo wohl dazu bewogen haben mag, einmal jährlich im Oktober den Tag der ausgebliebenen Goethe-Heimsuchung zu feiern. Es ist verbrieft, dass Goethe am 9. Oktober in einer «Crott» in Bondo nicht dem Mascarpel-Ziegenkäse zusprach, was ohnehin trefflich mit seiner grundsätzlichen Abscheu gegen «jenes abscheulich Weisszeugs» korrespondierte; der Ausdruck «crottenschlecht» ist womöglich in diesem Zusammenhang erstmalig gefallen, darüber streiten sich die Gelehrten. Im Gasthaus *Terpentini* zeugt noch heute eine kleine Tafel von Goethes kategorischer Abwesenheit. (In Madrid erfreut sich ein Restaurant des Namens *Hemingway Never Ate Here* grösster Beliebtheit.)

Das Bergell ist auch ohne Goethe reich an kulturellen Schätzen. In Soglio rilkte Rainer Maria ohn' Unterlass von der «Schwelle zum Paradies». Die Brüder Giacometti traktierten mit Brio den Granit, der Maler Segantini führte einen flotten Pinsel und der Architekt Semper klotzte einem Industriemagnaten eine voluminöse Villa hin. Wer gern auf dem Holzweg ist oder Anthrazitschleifen zu seinen Hobbys zählt, wer unaussprechliche Dialekte wie das *Bargaiot,* eine Mischung aus Rätoromanisch, Montanlatein und Gebrauchsitalienisch (vulgo «Lombardsätze») als Herausforderung betrachtet, wer Steinpilzen Fallen zu stellen beliebt oder gern Safran erlegt, der ist auf dem Planeten Bergell bestens aufgehoben.

Von Goethe heisst es: Wohin immer ihn seine Füsse trugen, brachte er einen gewissen Glanz. Im Bergell glänzte er durch Abwesenheit. Für die Wissenschaft bedeutet das in letzter Konsequenz Abschied nehmen vom Bild Goethens als *global player.* Er konnte angelegentlich so *local* sein, dass es eine Sau grauste. Das Leben, so beschied er seinem alten Freund Hermafrodito Zegna anlässlich der berühmten Novemberdepression von 1775, sei ohnehin nur eine Durchgangsstation auf dem Weg in die Hölle. Das Bergell trägt dem Dichterfürsten nichts nach. Pläne, die Goethe-Gesellschaft, das Goethe-Institut oder die Stadt Frankfurt am Main wegen Nichtberücksichtigung resp. Verstosses gegen das Gleichberechtigungsprinzip zu verklagen, verschwanden spätestens in der Schublade, als man auf die Idee verfiel, Goethes Aufenthalte im Bergell als Ereignisse von nie vorhandener Dagewesenheit zu zelebrieren. Das Interesse der Öffentlichkeit ist erstaunlich. Nähere Informationen finden Interessenten auf der Website des Fremdenverkehrsbüros Soglio unter www.goethenunzia.org.

8
Dichter Nebel

Die Milchsupp' ist doch grad egal,
He, komm schon, drück aufs Gaspedal!

Keiner weiss, woher er plötzlich kam, damals, in den Siebzigerjahren. Keiner weiss, ob er je wieder verschwinden wird. Im Aargau hat man gelernt, mit dem Nebel zu leben. Ist der natürliche Wasserdampf der den Kanton umzingelnden Atomkraftwerke die Ursache? Sind es Kerosinschwaden der Flugzeuge, die ziellos über der Agglo kreuzen, weil die Piloten in der Warteschleife über Kloten gefangen sind? Tragen die Bewohner der naheliegenden Weltmetropole die Verantwortung, die seit etwa 1980 unentwegt Dampf ablassen, sei es nun bei Strassenunruhen (1980) oder Strassenparaden (1998 ff.), in einer Stadt, die pausenlos mit urbanen Verpuffungen auf sich aufmerksam machen muss, will sie nicht ins globale Hintertreffen geraten? Oder sind Tränengas oder andere Nebelwurfkörper profane Ursache?

Ich bring die Brühe hinter mich,
Ich muss nur schneller machen.
Ich bretter in die Waschküch' rein
Mit hundertfünfzig Sachen!

Fakt ist: Während andere Kantone mit ihren Nebeln haushalten müssen und sie nur auf einen begrenzten Zeitraum beschränken können, wenig originell meist dann, wenn die ohnehin grauen Tage ans Fenster klopfen, wenn Füchse brauen und Hasen kochen und November auf dem Kalenderblatt steht, auch «Nebelmond» genannt oder «Nebelung» in alten Tagen, wenn die Tage also eh trist und sepia sind, können die Aargaunauten von Anfang Januar bis Ende Dezember hemmungslos ihrem Faible für Nebel nachgehen, der hier so dick werden kann, dass man die Hand nicht mehr vor Augen sieht, wobei man mit der Hand vor den Augen ohnehin schlecht sieht. Bald jeden Morgen wird die grosse Unterländer Nebelmaschine angeworfen, die diesem Landstrich seine Einzigartigkeit als einziges permanentes Nebelfeld Mitteleuropas verleiht. Niemand wollte anfangs so recht dieses Schicksal annehmen, allen voran die Autoversicherer. Flächendeckende Grossversuche mit Dunstabzugshauben alle 500 Meter entlang der A1 brachten leider enttäuschende Ergebnisse.

Dicht hängt der Schleier. Immer geiler.
Dann geht er hoch. Da dräut der Pfeiler!
Da hat der Fahrer doch was von.
Denkt: Hoffentlich ist es Beton!

Nebel: «… dem Erdboden auffliegende Wolken aus kleinen Wassertröpfchen; entsteht aus Kondensation von Wasserdampf.» So will es das Lexikon wissen. Nebel ist aber auch der Nachname des aargauischen Poeten Iwan Nebel, ein Name, der ebenso Pseudonym ist wie Programm. Denn längst hat man es im Aargau verstanden, vermeintliche Wetternachteile wie Unfallrisiken oder Nebelkrähenverunreinigungen in Vorteile umzumünzen. Tatsächlich lassen sich mit dem Nebel treffliche Geschäfte machen. Mittlerweile exportiert man ihn in alle Welt, in Tüten, auf Flaschen gezogen, in Blöcken. Start-up-Betriebe in Aarhus verkaufen ihn in riesigen Kontingenten an Parteien, Weltkonzerne und Kreditunternehmen wie die *Neue Nebelbank Zug AG,* wo man ihn dringend für allfällige Verschleierungsmanöver benötigt. Rockstars und Unterhaltungsshows kommen ebenso wenig ohne – wie es neuerdings heisst – *fog* aus wie mässig erfolgreiche Fussballvereine, die damit notfalls Spielabbrüche herbeiführen können. Die Fertigung von Dunstglocken auf dem technisch neuesten Stand haben den Aargau als innovatives Dunstleistungszentrum weit über seine Grenzen hinaus bekannt gemacht, stellenweise sogar bis in den Kanton Solothurn hinein. Die Gemeinde Wengen im Berner Oberland hat mit dem Kanton im Unterland ein Nebelabonnement abgeschlossen, das bevorzugt bei Abfahrtsrennen zum Tragen kommt und für gewinnbringende Verzögerungen sorgt. Der Schritt an die Börse war für die *Aargau AG* schliesslich logische Konsequenz.

Vergleichsweise bescheiden geht es bei Iwan Nebel in Rupperswil zu, einem begnadeten Dichter mit Sichtweisen bis zu dreissig Metern, der früh erkannt hat, dass Nebel rückwärts gesprochen Leben bedeutet und Selbiges ohnehin nichts als Kondensation ist. Wir haben es mit einem Mann zu tun, der jedem noch so atlantischen Tiefausläufer ein paar Zeilen abzuringen verstanden hat.

Bevor ich fahr, ich einen heb,
Denn draussen ist es trübligneb.

Gewiss, Dichterfürsten wie Näbukadnezar oder Neblo Paruda mag er damit nicht das Wasser reichen, aber als Alltagsdichter ist Iwan Nebel unerreicht. Seine ersten Sporen verdiente er sich als Korrektor beim *Nebelspalter.* In seiner Kemenate im alten Kosthaus entzündet er die Nebelkerze, nimmt einen tüchtigen Schluck aus dem Nebelhorn, bringt sich mit Weihrauch oder dem Nebelreichen Trichterling, einem bekömmlichen Ständerpilz, in Stimmung, um da zu dichten, was Menschen bewegt. Durchaus auch politisch geht er zur Sache.

Künstliche Nebel wie Tränengas
Sollen eure Schwaden nicht sein.
Ich schick euch in Nacht-und-Nebel-Aktionen
In selbst gebraute Suppen rein.

Bei jeder Massenkarambolage erstrahlt ein bescheidenes Smogleuchten auf seinen Augen. Dieser Tage ist die Biografie von Boris von Brodem auf den Markt gekommen: *Dunst ist Kunst.* Wer Iwan Nebels Verschleierungstaktiken persönlich erleben will – bis Ende Jahr ist er beim Nebikoner Literaturtelefon zu hören.

(Textbeispiele aus dem Gedichtband *Der Abendgang des Unterlandes,* erschienen in der Edition Füdlistaller in Oberrohrdorf. Mit freundlicher Genehmigung des Autors.)

9
Schweizerkreuz

Die Schweiz meiner Kindheitstage in Wort und Bild: das geheimnisvolle Wort «Beromünster» auf der Radioskala, Mittelwelle. Helden wie Werner Vetterli, der ergeben Schweizer Ergebnisse an Egon Zimmermann rapportiert, gefolgt von Konrad Toenz – nach dem in Berlin sogar eine Kneipe benannt wurde –, magische Namen allesamt! Ein Lausbub namens Trotzli in den Geschichten von Josef Konrad Scheuber, mit dem ich mich augenblicklich identifizierte. Dezent debile Lieder wie «s Träumli» von den Bossbuebe. Die Ausflüge mit dem geliebten Onkel Günter nach Basel mussten nie lange erbettelt werden, auch er hatte eine Schwäche für den südlichen Nachbarn. Für mich gab es exotische Kaugummisorten zu entdecken, von denen wir zu Hause nicht einmal zu träumen wagten. Und Amischlitten. Allein deshalb kam mir die Schweiz stets grösser und weltoffener vor, wobei ich zu diesem Zeitpunkt allerdings die Berge noch nicht erblickt hatte, zumindest nicht die richtigen.

1993 bin ich durch alle 50 Staaten der USA gereist, um VW Käfer zu fotografieren und deren Besitzer kennenzulernen. Sechs Jahre später absolvierte ich sozusagen die kleine Ausgabe dieses Trips, eine Art «Schuelreisli», allerdings ohne Mitschüler, auch ohne Käfer und Befragungen, Gott sei Dank nur durch 26 Kantone, davon einige nur halbe Portionen. Man musste nicht mal fliegen, und als Bahnfahrer kam ich sogar ohne Vignette aus. Autofahrer müssen z.B. nicht selten ein Verkehrsschild mit der Warnung «Durchfahrt erschwert!» gewärtigen, das muss man sich einmal bildlich vorstellen, Schikanen wie bei der Formel 1. Mich hingegen erwarteten 5000 Bahnkilometer der *SBB*, dazu boten sich weitere 2000 Kilometer von 70 privaten Linien an. Ich habe sie natürlich nicht alle in Anspruch genommen. Dem Vernehmen nach soll die Landschaft recht ansprechend sein. Wegen der vielen Tunnels gab es freilich nicht viel zu sehen, häufig fühlte man sich an die New Yorker Subway erinnert. Grosser Vorteil dabei: Null Natel-Netz! Viele Städte, werden Reiseführer nicht müde zu versichern, sollen allerdings auf der Erdoberfläche über eine reizvolle Altstadt verfügen, einer der Vorzüge, wenn man einfach mal den einen oder anderen Weltkrieg auslässt. In Schaffhausen ist sogar die «Neustadt» eher eine Altstadt.

Abgesehen von Lawinenattacken, reissenden Flüssen sowie drohenden Überdosen Nussstängeli zählt die Schweiz zu den problemloseren Reiseländern. Dennoch muss man sich vorsehen: Kaum vorstellbar die Zahl derer, die stürzenderweise auf den Treppen von Bahnhofsunterführungen ums Leben kommen, weil sie sich an den Spazierstockspitzen aufspiessen, die an den Rucksäcken von Bergwanderern befestigt sind. Tagtäglich purzeln unbesonnene Älpler in Gletscherspalten. Bevor man sich an der harten Kruste verletzen könnte, wird zum Kuchen neben der Gabel ein Messer mitgeliefert. Altpapier wird gefesselt, damit es nicht arglose Passanten attackieren kann. Wer die Toilette des *Espressino Due* im Zürcher Hauptbahnhof aufsuchen will, muss den Geheimcode der Klotüre an der Theke erfragen. Die *Guetnachtgschichtli* am Fernsehen werden vorsichtshalber schon um 17.30 Uhr ausgestrahlt. In den Selecta-Automaten an den Bahnhöfen finden sich Schwangerschaftstests, in unmittelbarer Nachbarschaft zu Partysticks. Die Firma *Usine d'explosif* in Isleten UR produziert einen «Sicherheitssprengstoff» namens *Telsit*. Weltweit bekannt ist das *Original Swiss Army Knife,* ohne das Grundmodell mit Sense, Flex, Höhenmesser und Armbrust verlässt kein Eidgenosse das Haus, leider fehlt der *SBB*-kompatible Vierkantschlüssel. Mein Alltag wäre ohne die Errungenschaften der Schweizer Armee armselig, faktisch kaum lebensfähig wäre ich z.B. ohne das *Original Swiss Army Waffle Iron*.

Als «Usländr» in der Schweiz einen kritischen Ansatz zu finden, ist gar nicht so einfach: Der Besucher wird ggf. zunächst von der Landschaft ruhiggestellt, bevor ihn die völlig andere Auffassung von Geschwindigkeit vollends sediert, ein Zustand, den die Wissenschaft gern als «Komfortbenommenheit» umschreibt. Die Schweiz intensiver kennenlernen zu wollen, ist faktisch unmöglich, zumal ich mich auf Hochdeutscherisch verständigen muss, habe ich doch bei früheren Besuchen lernen dürfen: Was Eidgenossen enerviert, sind geradezu obsessive Versuche von Deutschen, Schwyzertütsch zu sprechen. (Manche schreiben auch «Schwiizerdüütsch» oder ähnliches Zeugs). Wahrscheinlich, weil die Germanen in ihrem nie erlahmenden Eifer, alles richtig machen zu wollen, dauernd ch-Laute machen, vor allem da, wo sie nicht hingehören, oder-ch? (In diesem Fall ist es ratsam, das «ch» nicht vor das «oder» zu stellen!) Wo sollte man auch anfangen? Lässt man sich von einem Rorschacher einen Ausdruck beibiegen, verzieht der Berner schmerzlich das Gesicht, wenn man ihn stolz zur Anwendung bringt. Ohnehin sinnlos, sich tarnen zu wollen – spätestens wenn ich meine Banknoten ungefaltet in den Geldbeutel stecke, habe ich mich endgültig als fremder Fötzel enttarnt.

Emil Steinberger hat das Schweizerdeutsche in Deutschland berühmt gemacht und ihm gleichzeitig einen Bärendienst erwiesen. Dieser Akzent zaubert den Deutschen seither meist ein Lächeln ins Gesicht, allerdings kein charmantes, geht er doch automatisch davon aus, dass jemand mit dem Originaltonfall aus einem Emil-Sketch ohnehin nur etwas Lustiges sagen kann. Man stelle sich einen Besucher aus Köln-Nippes vor, der im Kreis 5 Opfer eines Raubüberfalls auf Züridüütsch wird und an einen Lachanfall kollabiert.

Welche Schweiz aber bereist man genau? Bekannt sind nur die deutsche, die französische und die italienische, die rätoromanische schon weniger. Der Berner Sprachforscher Clem Agüzzo entdeckte 1998 bei Feldstudien, dass es wesentlich mehr Schweizen gibt als ursprünglich angenommen: Neben den o. a. existiert beispielsweise eine osmanische – siehe hierzu das Kapitel «Etüde in Ü». An Bedeutung gewinnt die Latino-Schweiz mit dem *Caliente*-Festival, mit Rodriguez und Fernandes in der Nati, eine durchaus bewegliche Grösse. Daneben existieren in einer Art Paralleluniversum die kosovarische Schweiz ebenso wie die chinesische in Gestalt der Chinatown von Lo Sang; nicht zu vergessen die tibetanische mit ihren Exilanten, die die Kuhglocken durch Gebetsgeplöngel ersetzt haben und, last but not least, die englische Schweiz, in der schon vor acht Uhr morgens das sog. Frühenglisch gesprochen wird (Rüeblicake, Tearoom). Der Flughafen Kloten vermarktete sich bis 2010 als *Unique Airport,* was Taxichauffeuren die Möglichkeit eröffnete, ausländische Touristen auf direktem Weg zum Münchner Flughafen zu kutschieren, eben *Munich Airport.* Ganz anders die Bahn: Im babylonischen Wirrwarr haben sich die Sprachkurse der *SBB* bestens bewährt: «Wir treffen soeben in Goppenstein ein – We are arriving at Goppenstone – Nous arriverons à Roche du Goppe – Ora stiamo arrivando a Goppenesteine». Und Ziegelbrücke taucht in den Ansagen der Kondukteure schon einmal als «Ziegelbridge» auf.

Strafverschärfend beherbergt das Schweizer Idiom ganze Hundertschaften von eigenwilligen Wortschöpfungen. Wenn man aber schon mal weiss, dass ein «Sackgeld» nicht unbedingt der menschlichen Anatomie zuzuordnen ist, dass «im Handumdrehen» «handkehrum» heisst und «Striich mi!» sich nur auf einen Käse bezieht, ist man schon mal ein gutes Stück weiter. Vielleicht gelingt es einem dann innert zwanzig Jahren auch, den folgenden Satz zu entschlüsseln: «Wegen Unterhalt ist am Montag der Gemeindebuckel geschlossen», wie gesehen in Andermatt.

10
Schweizerquer

Willkommen im Land der anschmiegsamen Klodeckel – ein Paradies, was das anbelangt. Auch die Übersichtlichkeit ist zu rühmen, gehen die Schweizer doch recht sortiert mit allem um. Sämtliche Kioske sind landesweit identisch angeordnet, in jedem Kanton befinden sich die Waren an exakt derselben Stelle, garantiert im penibel ausgemessenen Abstand zueinander, die stichprobenartig kontrolliert werden. Die Schweiz ist ein dem Zufall rasant abgeneigtes Land, was ängstlichen Naturen wie mir entgegenkommt, denn nie wird man über irgendeinen Sachverhalt im Unklaren gelassen. Alles steht überall drauf oder dran. Ballonweltumquerer Bertrand Piccard trug auf seinem Ganzkörperkondom ein Namensschild mit seiner Blutgruppe. Vielleicht sollte ich mir auch so etwas zulegen. Bahnfahren ist natürlich risikoarmer, im Gegensatz zu Deutschland übrigens; umso erstaunlicher die Tatsache, dass die *SBB* zur Jahrtausendwende einhundert deutsche Lokführer angeworben hatten. War es möglich, dass die Schweizer gelegentlich der Vorhersagbarkeit des Alltags überdrüssig waren und sich von der neudeutschen Präzisionsunpünktlichkeit neue Impulse erhofften? Autofahren hingegen ist im Lande der Eidgenossen nicht ungefährlich, «Via Mala» z.B. bedeutet schlicht «schlechte Strasse». Die meisten Unfälle passieren mit Fahrzeugen älteren Typs, deren Windschutzscheiben über und über mit Vignetten tapeziert sind, sodass die Kraftfahrer über keinerlei Sichtmöglichkeiten verfügen. Die Bahn hingegen arbeitet zuverlässig, sogar vertaktet, man könnte, wenn man wollte, aus dem Zug direkt raus ins Postauto, in die Seilbahn, aufs Schiff oder mit dem 16.28-Uhr-Maulesel von Intragna hinauf nach Vosa. Die Schweiz funktioniert wie eine überdimensionale Swatch, bei der alle Rädchen miteinander verzahnt sind. Die Uhrenmonomanie lässt sich wohl nur mit der kollektiven Sehnsucht nach Beherrschung der Unruhe erklären. Mir persönlich bedeutet das nichts: Was soll ich mit einer Rolex, ich hab eh keine Zeit. Zurück zur Eisenbahn: Alle Stationen werden fein säuberlich vorher angesagt. Die Bahnhöfe selbst verfügen über exakt denselben Grundriss (siehe: «Kiosk»). Von den Bahnhofsunterführungen wurde 1976 ein Modell gefertigt, als Mutter aller Unterführungen, seither sind alle aus diesem einen Guss.

Anders als in anderen südlichen Ländern wird man in der Schweiz seltener übers Ohr gehauen. Im Restaurant bekommt man kategorisch den Bon im Weissweingläschen mit exakt ausgewiesenem Betrag mitgeliefert. Sowieso ist die Gastronomie der deutschen Lichtjahre voraus, allen voran Hotel-Déjeuners: Während die deutschen den müden Geist mit einer verwirrenden Vielfalt von Produkten überfordern, liefern Helvetier Gipfeli, Käsehobel und – bei hartnäckigem Insistieren – eine Scheibe Mortadella. Fertig. Halt – Gompfi vergessen. Letztere aber dient den Einheimischen nur als Indikator, um herauszufinden, wer von den Gästen im Frühstücksraum Landsmann ist und wer nicht: Als weltweit einzige Ethnie häufelt sich das Schweizervolk die Marmelade grundsätzlich auf den Teller, um sie von da in rührender Umständlichkeit mit dem Messerli aufs Gipfeli zu bugsieren. Wir befinden uns zudem in einem Paradies für Kaffeetrinker, und solange die Plempe mundet, kann man ihnen sogar unentschuldbar idiotische Ausdrücke wie «Schümli» verzeihen. Die Schweiz verfügt auf dem Nahrungsmittelsektor über ein breites Spektrum endemischer Arten. Man vergleiche nur das Warensortiment der stinknormalen Lebensmittelabteilung irgendeines *Globus*-Warenhauses mit dem Delikatessendepartement der *Rewe*-Filiale in Walsrode (Südheide).

Das grösste Rätsel: die Rezeptur des Sanftgetränks *Rivella.* In einem alten Bunker unweit Lichtensteig SG wird das Geheimnis gehütet, und was Sicherheitsvorkehrungen anbelangt, ist der Safe von Coca-Cola in Atlanta ein Kinderspiel dagegen. Ein Schweizer Joghurt wurde jüngst in Amerika mit dem begehrten *Toni-Award®* ausgezeichnet – oder war es der *Emmy®?* Der Autor liebt den Rotwein, der aus den Trauben des Fruchtmultis *Dôle* gewonnen wird. Überhaupt die praktischen Schraubverschlüsse! Über Restaurantketten kann man geteilter Ansicht sein, dennoch darf der Reisende dankbar sein, wenn er in Städten wie Hannover weiss, wo er halbwegs trinkbaren Kaffee bekommen kann, wenn in den italienischen Eisdielen die Lebkuchen überwintern – bei den Mövenpickmäen. Aus dem neuenburgischen St. Arbucks eroberte ein Kaffeekonzern den Weltmarkt. Vielleicht ist was dran an dem Gerücht: dass die Schweizer alle vierzehn Tage ihre Geschmacksnerven abschrubben. Womit halbwegs elegant zum nächsten Thema übergeleitet wäre: Niemals nenne man die Schweiz einen hübschen Flecken Erde, denn Flecken wird man vergeblich suchen. Generell sollte man wissen, dass die Nation von einer kollektiven Schmutzallergie befallen ist. Vielleicht erklärt das den relativ unverkrampften Umgang eidgenössischer Architekten mit Waschbeton. (Schon Halsbonbons heissen *Halsfeger.*) Die Umsätze von Neutralseife sind in keinem Land der Welt höher. In Basel hat man eine Zentralwäscherei eingerichtet. Gerüchte, wonach in vereinzelten Gemeinden pensionierte Militärs mit dem Tischstaubsauger im Schulterhalfter patrouillieren und Hausfrauen Steckdosen mit *Q-Tips* reinigen, entbehren natürlich jeder Grundlage. In Burgdorf durfte der Verfasser erleben, wie eine Person dem Bürgersteig mit einem Staubsauger zu Leibe rückte. Mancherorts gibt es Kehrichtkontrolleure, die bei Regelverstössen notfalls beim Bezirksamt Strafanzeige stellen wegen «Ungereimtheiten im Zusammenhang mit der Abfallentsorgung». Weitere Indizien für ein profundes Sauberkeitsbedürfnis? Der *Tages-Anzeiger* meldete einmal, dass von 38 geschlüpften Dohlen im Zürcher Grossmünster und im Predigerturm nur sechs Junge überlebt hätten. Die Jungdohlen verhungerten in ihren Nestern, weil in der Stadt Insekten und Spinnen fehlen. Andererseits ist Zürich in den letzten Jahren zum Hauptumschlagplatz für Verschmutzungszertifikate geworden. Herrlich, diese Widersprüche! Wie steht es damit: Die beiden Alt-Bundesräte Ruth Metzler und Joseph Deiss hatten sich zu Amtszeiten in ihre Büros im Berner Bundeshaus für insgesamt 180 000 Franken Duschen einbauen lassen. Was hatten die eigentlich den ganzen Tag getrieben, dass sie sich nicht ungeduscht nach Hause trauten? Verweisen wir lieber diskret auf die Werbung des Kurhotels *Felsenegg* am Zugersee Mitte des vergangenen Jahrhunderts: «Herrliche Lage, von Weiden- und Tannenwäldern umgeben, gesundes Ozon, würzige, absolut staubfreie und reinste Alpenluft!» Nicht das gesunde Ozon überrascht, sondern das Wörtchen staubfrei! Unmöglich, sich hier so einfach aus dem Staub zu machen, es gibt einfach keinen! In diesem Zusammenhang ist es nicht unpassend zu erwähnen, dass der einzige Schweizer Rennstall auf den Namen Sauber hört. Ja, tatsächlich gibt es in dem Land, das sich im Allgemeinen eines gemächlicheren Tempos befleissigt, einen Rennstall. Eine Ausnahme. Hypermotorikern mag die Schweiz nachgerade als Trödelladen vorkommen, alles in Slo-Mo. Absurditäten bleiben dabei nicht aus, z.B. im Zug von Basel nach Biel, wenn eine weibliche Stimme ankündigt: «Nächster Halt: Laufen!» Habe ich nicht eben die Widersprüchlichkeiten beschwärmt?

Langsam und sauber, zwei gängige Klischees. Gut, die Farbe Weiss ist hier noch ein echtes Weiss, Milchweiss, Joghurtweiss, kein Wunder, dass die Schweizer einige der klassischen weissen Disziplinen dominieren: Snowboard, Tennis, Heliskiing,

Zahnpfleging. Wir sprechen hier nicht von irgendeinem ordinären Weiss – unter Edelweiss fangen sie gar nicht erst an. Freilich gibt es Zeitgenossen unter den Eidgenossen, denen die peinliche Sauberkeit peinlich ist oder sogar sauer aufstösst. Ein früherer Intendant vom Theater Basel antwortete weiland in einem *Cosmopolitan*-Interview auf die Frage, was ihm in Basel fehle: «Dreck. Die Schweiz ist so sauber wie eine Spielzeugeisenbahn, dass ich hier eigentlich nie wieder leben wollte. Berlin ist besser: mehr Lärm, mehr Schmutz, mehr Realität!» Was den Lärm angeht, wäre ihm das Tessin mit seinen nie erlahmenden Motorsensendivertimenti zu empfehlen. Schmutz scheint indes ein bemerkenswerter Indikator für Realität zu sein. Statt Berlin sollte der Mann Nordböhmen – Chefintendant in Cheb! – oder São Paulo zu seiner Heimat machen, die sind da echt noch echter. Wir leben in einer Zeit, in der Schreiner neue Ladeneinrichtungen für Bäckereien entwerfen müssen, die von vorneherein verlebt aussehen. Fabrikneue *Gibson*-Gitarren werden gleich vorgeschrammt ins Verkaufsregal gestellt, es muss nach echt total authentischem Original-«Leben» schmecken, wie in einem Video von Tom Waits, dem Weltmeister des artifiziellen Drecks. Hier gäbe es wieder Handlungsbedarf für die Kollegen vom *EKBTF:* Strassen zumüllen, Zugsabfahrten verzögern, lila

Kühe abwaschen usw., um von allfälligen Vorurteilen abzulenken.

In der Schweiz funktioniert das politische Leben bekanntlich nach dem K.-o.-Prinzip: Konsens, Konkordanz, Kollegialität, Konto, Koma, Komik, Konolfingen. (Konolfingen?) Trotzdem sind erstaunlich viele Schweizer mit ihrem Land überhaupt nicht glücklich. Eigentlich, will man genau sein, die meisten. Jedes Jahr nehmen sich in der Schweiz 1400 bis 1500 Menschen das Leben, die Selbstmordrate von 19 Prozent spricht eine deutliche Sprache, auch wenn man mit dieser Zahl einmal mehr hinter den Österreichern liegt. Das sind nicht etwa die üblichen Minderwertigkeitskomplexe klein geratener Leidgenossen, die stets wechselnden Gründe für die allschweizerische Gesamtdepression sind tiefer greifend: Raubgold, Doping beim Radsport, Ärger mit den Pharmakonzernen, Kummer mit der Gentechnik, Gölä nach Australien ausgewandert, ein Volk in Agonie hinterlassend, frühes Ausscheiden bei Sportanlässen, Millionenbussen für Banken, Gölä wieder zurück aus Australien – eine Gesellschaft, die deutliche Auflösungserscheinungen zeigt.

Gut, ein paar Defizite gibt es, aber die sind lächerlich. Schweizer sind nicht in der Lage, Filme im

Kino vollständig am Stück anzugucken, und bedürfen nach 45 Minuten dringend einer Erfrischungspause. Wenig schön auch die Wandmalereien überall. Wahrscheinlich haben sie ihren Ursprung in der simplen Tatsache, dass die Schweiz ein blockfreier Staat ist, folgerichtig müssen Wände als Schmierpapier herhalten. Schliesslich eine bisweilen frappierende Rechenschwäche, wie sie sich z.B. auf der Verpackung der *Toggenburger Schweizer Alpenbutterkekse* offenbart: Inhalt 34–35 Stück.

Unglückliche Menschen neigen zu selbstquälerischen Fragen: Wo steht mein Land in der Welt und vor allem innerhalb dieses Kontinents? Bekanntlich ist die Schweiz die einzige Insel weit und breit, die vollständig von Landmassen umschlossen ist. Das Leiden an der Schweiz ist seit bald vierzig Jahren Nationalsport der Schweizer. Dabei besteht zu Minderwertigkeitskomplexen keinerlei Veranlassung. Grad vor dem Dings im Norden müsste man sich nicht verstecken! Eidgenossen, habt ihr vielleicht mal darüber nachgedacht, dass das eher umgekehrt funktionieren sollte? Züge, die fahren, wie sie sollen ... Eure selbstverständliche Genusssucht ... Un peu de la France, una piccola Italia innerhalb der eigenen Landesgrenzen, superb! Wenn den Deutschen früher nach so etwas gelüstete, mussten sie immer gleich irgendwo einmarschieren. Ohne hier gross rumschleimen zu wollen: Die Schweiz und ich, das ist eine gelungene Symbiose. Vor ungefähr dreissig Jahren schickte ich einmal einen Brief an einen Adressaten in Mumpf im Aargau. Einige Tage später kam dieser zurück mit dem Vermerk: Empfänger verzogen nach Ober-Mumpf. Da wusste ich: Das ist der Beginn einer wunderbaren Freundschaft! (Ich will es allerdings nicht übertreiben, weswegen ich darauf gedrungen habe, dass dieses Buch nicht in der Helvetica gedruckt wird.)

Ich habe mich nie um einen Wohnsitz in der Schweiz bemüht, denn genau das ist es, was die Schweizer an mir am meisten mögen: Spätestens am nächsten Tag fahre ich wieder nach Hause. Das ist sozusagen mein Erfolgsrezept und meine Kernkompetenz. Zur allgemeinen Kenntnisnahme und Beruhigung: Ich werde niemals die Staatsbürgerschaft beantragen. Aber falls mir als erstem Deutschen eines Tages der Schweizerpass auf dem Postweg zugestellt werden würde, würde ich die Annahme natürlich nicht verweigern. Und mich wundern ebenso wenig.

Die Schweiz ist für einen Süddeutschen nahe liegend, sie begleitet mein Leben sogar in Deutschland: Wer kann sich meine Begeisterung vorstellen, als ich weiland in einer Autobahnraststätte auf der Speisekarte lesen durfte: «Zürcher Rahmgeschnetzeltes *Nürnberger Art*». (Die *Zürich Express-Bar* vis-à-vis des Hauptbahnhofs hiess früher *Restaurant Du Nord,* wo mittwochs die «Glarner Oberkrainer» auftraten.) Besonders haben es den Deutschen Schweizer Badewannen angetan: Gern erinnert sich der Autor an jene im Film *Die Schweizermacher,* als die Schauspielerin Béatrice Kessler darin badete. Ausserdem birgt das Hotel Beau Rivage in Genf eine Wanne, die aktiv erfolgreich an der Gestaltung der deutschen Nachkriegspolitik mitgewirkt hat. Die Schweiz und ich, das passt nahezu perfekt, gäbe es nicht diesen schrecklichen Makel: Ich bin ein fremder Fötzel, strafverschärfend ein «Souschwob». Da hört der Spass auf, Ausländer bleibt Ausländer. Nicht mal Rassismus ist dem Schweizer fremd, ich mag mich nur an den Aufkleber auf dem Müllcontainer in Schwyz erinnern, den ich vom Zugfenster aus gesehen habe: «Nur für weisse Säcke!» Nein, bei nationalen Themen ist mit dem Eidgenossen nicht zu spassen. Hochsensibel reagiert er, wenn man das Tessinerbrötli am Laib abschneidet und nicht etwa der Perforationslinie entlang aufbricht – da muss gleich der kantonale Notstand ausgerufen werden! Kritisch wird es auch, wenn man bei

«Engadin» nicht die letzte Silbe betont unter grösstmöglicher Dehnung des Buchstabens i (wie bei Nikotin, grad umgekehrt wie bei der Erstsilbenbetonung von Yvonne und Nicole) oder «Wals» sagt statt «Fals», wenn man ein «Falserfasser» bestellt. Da droht sofortige Ausschaffung.

Vielleicht ist diese Liebe eine einseitige. Egal. Da die Erde immer mehr zum Melting Pot gerät und Gott eines schönen Tages nach Feierabend mit den Worten «Liebling, ich habe die Gletscher geschrumpft!» die Wohnungstür aufsperrt, kann es nichts schaden, bei einem höher gelegenen Land einen Fuss in der Tür zu haben. Die Schweiz könnte sich bei fortschreitender Erderwärmung getrost zum Worldwide Chill-out entwickeln. Was noch das Beste an meinem Tick ist: Ich bin in der Schweiz für nichts verantwortlich. Und wenn mir was extrem auf die Nerven fällt, können die mich mal schweizerkreuzweise, dann kann ich wieder zurück nach Deutschland. Schweizern eröffnet sich diese Option kaum.

Aber allein schon der soften Klodeckel wegen … Excellent. Nicht so fallbeilartig wie bei uns, wenn sie mal heruntersausen. Leiser. Irgendwie … schweizerischer. Allerdings gibt es einen Ort, an dem sich meine Liebe schlagartig verflüssigt. Ich habe mir stets gesagt, wenn du tatsächlich sterben willst, geh in die Schweiz. Nicht wegen *Exit, Dignitas* oder Amokläufern. Todsicher ist der «Fuessgängerstreife». Ich bin in meinem Leben dreimal im Strassenverkehr in wirklich brenzlige Situationen geraten, zweimal davon auf Schweizer Zebrastreifen. Für hiesige Autofahrer scheinen diese maximal eine Empfehlung zu sein, ggf. evtl. vielleicht mal anzuhalten, möglicherweise. Also im Sinne von peut-être, proprio. Die Linien – abstrakte Kunst auf Asphalt? Für andere ein Anreiz, die Hoffnung auf eine neue Kühlerfigur: Zebrakadebra! Dann stand in *20 Minuten* zu lesen – und mehr Zeit hat sowieso keiner: «Die Missachtung des Vortritts innerorts verursacht 35 Prozent der schwer oder tödlich Verletzten im Schweizer Strassenverkehr.» Seither lasse ich anderen den Vortritt und versuche, mich dem Fuessgängerstreife in jenem Zustand zu nähern, den Max Frisch einmal «gelassene Panik» genannt hat, wenn es nicht sogar Dürrenmatt war, falls es sich bei den beiden tatsächlich um zwei verschiedene Personen gehandelt hat.

11
Blaufahrten

2015 feiert das Wallis sein 200-jähriges Bestehen. Was da vorher war, muss man nicht unbedingt wissen. Was aber bemerkenswert ist: Im Welschland gibt es deutlich mehr Blaufahrten als anderswo in der Schweiz. Vor allem der Walliser fährt gern gut betankt. Manche Buslinien sind Schlangenlinien, und die 0,5-Promille-Grenze wird nicht selten stockbesoffen angesteuert. Die Zahl der Personen, die tagsüber trinken, ist in der Romandie doppelt so hoch wie in der deutschsprachigen Schweiz. «Die lateinische Kultur geht mit den Limiten möglicherweise anders um als die germanische!», stellte Daniel Müller fest, Generalsekretär des Blauen Kreuzes in der Romandie. Das deckt sich mit einer Erkenntnis des Nationalphilosophen Christoph Blocher: «Die Welschen hatten immer ein schwächeres Bewusstsein für die Schweiz!» Diese kulturelle Differenz gibt es auch bei Hochgeschwindigkeitsfahrten oder beim Tragen von Sicherheitshelmen. Kaum zu beziffern die Zahl der Personen, die im Raum Salgesch unbehelmt Weinproben durchführen.

Gerade diese Region ist bekannt für ihre Rebberge, ihren Wein und natürlich die Nachbarschaft zum Pfynwald, was immer das bedeuten mag. Die Sprachgrenze entlang eines Bächleins namens Raspille (auf Französisch: Raspille) wird scharf bewacht. Im Wallis finden wir daher sowohl französischsprachige als auch deutschsprachige Trauben, die das Angebot eben verdoppeln. Letztere kamen damals mit der *Mayflower* in die Schweiz. Salgesch fand seine erste urkundliche Erwähnung 1246 n. Chr., als Johannitermönche dort eine *Migros*-Filiale eröffnen, die erste im Verwaltungsbezirk Leuk überhaupt. Diese wurde später an *Coop* veräussert, zum Glück, sonst hätte es Probleme mit dem Alkoholverkauf gegeben. Gut, dass sich die Johanniter ab 1522 gegen halb neun in Malteser umbenannten, anderenfalls wäre die alkoholische Ausrichtung wohl eine andere gewesen. Seit der Kanton Wallis 1815 der Eidgenossenschaft beigetreten wurde, hat er die Schweiz mit vielen Innovationen und Galionsfiguren beglückt, allen voran natürlich mit dem Blattersepp, Gottes sieben Plagen in Personalunion, und Christian Constantin, der im Fussball neue Sitten eingeführt hat mit der Erfindung des rotierenden Trainersessels.

Walliser Wein ist auf einem guten Weg, doch leider sind Ernteeinbussen durch trunksüchtige Wolfsrudel zu verzeichnen. Auch breitet sich der Wald widerrechtlich im Kanton aus und gefährdet nicht nur Zweitwohnungen, sondern eben Rebberge. Im Goms wurde im vergangenen Jahr eine Fläche von über dreihundert Fussballfeldern überwaldet, was nicht nur die Herren Constantin und Blatter verstimmt. Die anderen Walliser treibt das in den Alkoholismus. In diesem Zusammenhang sollte noch einmal an den Unterschied zwischen Test und Probe erinnert werden: Der Alkoholtest ist keine Weinprobe. Glücklicherweise ist die Zahl der Unfälle mit Todesfolge rückläufig, denn durch die Zunahme des Komasaufens sind viele Menschen gar nicht mehr in der Lage, sich hinters Steuer zu klemmen. Wer im Wallis dreimal bei einer Kontrolle mit mehr als 0,5 Promille erwischt wird, kann sich einer Therapie unterziehen oder auf Kantonskosten auf Cannabis umschulen lassen. Vorsicht bei Medikamenten! Wer bestimmte Arzneien zusammen mit drei Flaschen Cornalin konsumiert, riskiert gesundheitliche Beeinträchtigungen.

Oberwallis ist keine Beförderungsstufe von Wallis, geschweige denn ein Upgrade, es liegt nur einfach höher als das Unterwallis, das aber selten so genannt wird. In diesem Zusammenhang sei noch erwähnt, dass der Autor im Mai 2012 Gelegenheit hatte, einen waschechten Oberwalliser kennenzulernen. Er sass unmittelbar neben mir auf einem Podest anlässlich einer Sonderveranstaltung der *Oltner Kabarett-Tage,* bei der es im Sitzungssaal des Rathauses darum gehen sollte, ob die Politik zunehmend kabarettistischer wird. Eine halbe Stunde vorher hat man sich getroffen in einem Nebenzimmer, vielleicht sogar Hinterzimmer, und binnen sieben Minuten hatte jeder im Minimum einen Zweier Weisswein intus, und alle waren Duzis miteinander. Ja, und damit ist es raus: Ich bin Duzis mit einem Oberwalliser. Zumindest für diesen einen Tag. Alt-Bundesrat Merz gab bei der Runde zum gefühlt zweitausendsten Mal seine Bündnerfleischgeschichte zum Besten, vor, nach und auch während der Veranstaltung. Dazu ein Moderator mit Beisshemmung, ein weiterer Kabarettist, vielleicht habe ich noch wen vergessen, vor allem aber sass dieser Oberwalliser direkt neben mir, und nach der Diskussion, die keine war, sollte jeder von uns noch etwas zum Besten geben, und der Oberwalliser, der vor guter Laune nur so sprühte, hatte man ihn doch vormittags in den Vorstand der Swiss Tea Party gewählt, dieser Oberwalliser, ich wusste nicht, wohin gucken, dieser Oberwalliser entblödete sich nicht, erotische Tiergedichte vorzulesen, tatsächlich auf Tuchfühlung zu mir. Selten, dass mich jemand auf der Bühne in eine derart kompromittierende Lage gebracht hat, eigentlich nie zuvor. Ich sehe mich weder psychisch noch physisch imstande, auch nur eines dieser Gedichte wiederzugeben. Was nun die Ausgangsfrage angeht, ob nämlich die Politik immer kabarettistischer wird, so möchte ich mich aber vorrangig bei jenem dichtenden Oberwalliser mit dem Pferdeschwänzchen dafür bedanken, dass er uns Kabarettisten immer so selbstlos wie zuverlässig mit Pointen versorgt und somit Arbeitsplätze in der Humorbranche sichert. Andererseits müssen wir uns wegen Leuten dieses Kalibers mehr Mühe geben, denn gerade im Bereich Realsatire ist die Politik tatsächlich ganz schön voraus.

12
Ersteraugust

*«Schweiz ist für mich Heimat.
Einerseits kann man dagegen nichts tun,
andererseits hat es mir höchst viel gebracht.»*

Christoph Marthaler im «Spiegel»

Am 1. August feiert das heutige Benin so regelmässig wie ausgelassen seinen Nationalfeiertag, wie selbigen Tages ein anderes unabhängiges Land. Die aus dem Grossen Kanton beneiden die Schweizer inzwischen um ihre Wahl, waren sie selbst doch so dämlich, ihren Nationalfeiertag vom sommerlichen 17. Juni auf den häufig herbstlich-trüben 3. Oktober zu verlegen.

Für «Schwobe» ist das sehr verwirrend, dass Schweizer Bundespräsidenten immerzu rotieren müssen, und die Wechselhaftigkeit ist ebenfalls mühsam für ein Volk, das sich kaum die Namen der Auswechselspieler seiner Nati merken kann. Ausserdem klingt «Rotieren» einfach nicht gesund. Ausländische Politiker kommen bei Schweizer

Bundespräsidenten regelmässig ins Schwitzen, weil sie sich dauernd auf neue Gesichter und Namen einstellen müssen. Never change a losing team! In Deutschland wird der Bundespräsident auf fünf Jahre gewählt, da kann sich nun fast jeder an eine Figur wie Christof … Christian Wulff erinnern. Oder Johann Gauck.

Das Vokabular für die 1.-August-Rede hat sich seit Jahrzehnten wenig verändert, selten, dass sich neue Begriffe innerhalb der letzten Dekade haben durchsetzen können. Wie schreibt man nun eine packende, Aufsehen erregende 1.-August-Rede? Ganz einfach, man gebe folgende Textbausteine in den Mixer und quirle – auch eine Art Rotationsprinzip – das ganze zwei Minuten lang ordentlich durch: «Verantwortung / Bundesfeier / Stabilität / Veränderung (nur eine Prise) / Migration (gilt dasselbe) / Partei / Amt / Tell / Geschichte / Demokratie / direkte Demokratie / Stimmbürger / Stimmvolk / Souverän / patriotisch / Kantone / Dorf / Franken / Mehrheiten / Minderheiten / Bilatera / Rechtsstaat / Konkordanz / Nachbarländer / Nachhaltigkeit / noch ein paar Franken dazu / EU / Politiker / Bundesfeier / Schengen / Geschichte / Dankbarkeit / Freiheit / Werte / vielleicht noch einmal ein paar Franken / Cervelat.» Dann stelle man noch «Liebe Eidgenossinnen und Eidgenossen» vorn dran und hinten einen schönen Satz wie: «Das, liebe Schwesterinnen und Brüderer, sollten wir alle beherzigen!»

Damit könnte man sämtliche Reden der letzten Jahre komplett recyceln. Deutschland pflegt diesen Brauch schon lange und wiederholt z.B. an Silvester die Neujahrsansprache des Vorjahres, ohnehin sind alle beschwipst. Leider funktioniert das mit rotierendem Personal schlecht. Überhaupt kostet so ein Nationalfeiertag eine Stange Geld. Seit 1994 wird nicht mehr gearbeitet. Die Feuerwerke sind teuer und belasten das Klima. Hier könnte das Schweizer Fernsehen stattdessen alljährlich eine Live-Übertragung im Wechsel mit Benin senden. Viele Zeitgenossinnen und Zeitgenossen wissen schon gar nicht mehr, was genau am 1. August gefeiert wird: Irgendetwas mit Wilhelm Tell oder so, und bei diesem Thema gilt unverändert der Satz des Österreichers Hans Weigel, der festgestellt hat: Man wisse zwar nicht, ob Wilhelm Tell gelebt habe, aber dass er den Gessler erschossen habe, sei gewiss.

Nicht wenige Zeitgenossen stellen sich die Schweiz als wohlgeordnetes, leicht zu durchschauendes Land vor, bar jeder Reibeflächen. Bar jeder Reibeflächen? Vielleicht mal eine Rösti-Bar besucht? Von dort habe ich meine einzige Schweizerfahne, gestohlen aus einem Etablissement des Zürcher Hauptbahnhofs, das irgendwann durch eine *Nordsee*-Filiale ersetzt wurde, womöglich deshalb. Mit ihr hatte man eine Portion Rösti erdolcht, das Fähnlein dergestalt schnöde zur Beilage degradiert. Ihr Stellenwert war vergleichbar mit dem eines Petersilienstrunks oder einer holländischen Beilagentomate, wobei man diese Fahne nicht mal essen kann! (Die «tomaat» freilich auch nicht.) 2,5 × 2,5 cm, Papier, recht lieblos an einer Art Zahnstocher befestigt – in 99 Prozent aller Fälle landen die Flaggen auf dem Müll. In den USA würde das zu einem Aufschrei der Nationalisten führen. Das etwas grössere Originalbanner flattert praktisch überall, sodass der Reisende sich fragt, warum: Sind die Leute hier besonders vergesslich? «Wo war ich noch gleich? Ah ja! Da hingen überall rote Fahnen mit einem weissen Kreuz …» Sollte ich mich jemals in der Schweiz niederlassen, dann als Fahnenfabrikant. Ich romantisiere das ohnehin: Das entsprechende Portefeuille vorausgesetzt, residiere ich fortgeschrittenen Alters am Genfersee. Jeden Morgen steige ich in kanariengelbe, d. h. inkontinenzkompatible Hosen, um federnden Schrittes mit einem dieser blütenweissen, sinnlosen Hündchen die Uferpromenade entlang zu flanieren. Längst habe ich ihm beigebracht, ohne Umweg übers Trottoir sein Geschäft direkt in diese Säckchen hinein zu verrichten, die sie über jedem Papierkorb offerieren, um hernach am Kiosk die Zeitung zu holen – und selbige nach Möglichkeit auch zu lesen!

«Provinzialismus ist weder eine Gegebenheit noch ein Zustand, sondern ein Entscheid», hörte ich einmal zum kalendarischen Anlass Hugo Loetscher in einem Fernsehinterview sagen. Passt hervorragend auf diesen bedeutsamen Tag, den 1. August. Sie sei nicht besonders patriotisch, versichert mir die Deutschschweizer Nachbarin im Tessiner Bergdorf, es sähe halt nur schön aus. Mit den beiden knallroten Lampen und dem weissen Kreuz sowie den Leuchten in ähnlichem Design plus Schweizerfahne plus Tessiner Rot-Blau – eine Farbkombination, die man auch auf allen Armaturen in den Badezimmern sieht – kommt es allerdings auch nicht unbedingt unpatriotisch rüber. «Schweizer Hissfahne» ist die offizielle Bezeichnung, um korrekt zu sein, 100 × 100 cm Dralon, wetterbeständig, ein Schweizerprodukt. Farblich orientiert an Coca-Cola, am Mantel des Weihnachtsmanns, am Kommunismus und an einem beliebigen Blutbad nach Wahl. Auf diesem kräftigen Farbton zeigt sich ein kräftiges Plus, auf dem der Österreicher – ein beliebter Scherz, dem auch ich nicht widerstehen kann – ein dickes

Minus. Eigentlich sollte sie in stolzer Neutralität flattern, aber in letzter Zeit nehmen rechte Kreise die nationalen Symbole wieder zunehmend in Beschlag, als hätten diese Arschgeigen ein angestammtes Recht darauf. (Excuse my English.)

Der 1. August ist der grosse Tag der Schwinger. Landauf, landab werden Reden, Fahnen und Tanzbeine geschwungen, messen Schwinger sich in Wettkämpfen, treffen aufgeschlossene Bürger sich nächtens zu sog. Schwingerpartys. Beim Nachbarn im Unterdorf hängt die Fahne das ganze Jahr über, da darf man gespannt sein, wie er das noch toppen will. Kein Problem: Kurzerhand hängt er eine zweite, wesentlich grössere dazu. Wahnsinns-Stereoeffekt! Wegen des patriotischen Erlebnis-Gefechtslärms aus verschiedenen Quellen kann kaum wer sein eigenes Wort verstehen, ich glaube aber heraushören zu können, dass Signore Vicino seinem Papagei die erste Strophe der Nationalhymne beibringen möchte. Dieser Mann begreift sich als Gegenentwurf zu Bakunin, der im Tessin eine Anarchistenschule gründen durfte, wo man das Bombenwerfen lernen konnte. In justament diesem Tal, dem Onsernone, hat man ihm die Bürgerrechte verliehen. Ich hole tief Luft, hoffe insgeheim dabei, vielleicht doch ein paar Staubpartikelchen aus der Urne von Max Frisch zu erheischen, die man hier nach seinem Ableben in den Wind gestreut hat.

Mit dem 1. August haben die Schweizer übrigens einen kostengünstigen Termin zum Feiern gefunden. Gut, man zündelt ein bisschen vor, bevorzugt mit Bengalhölzern, Allumettes bengales suisses, Fiammiferi bengali svizzeri, extrem langen Stengeln, besonders kinderfreundlich, made in Switzerland, gefertigt in der bengalischen Schweiz, einer der wenigen helvetischen Regionen, in der Kinderarbeit noch geduldet wird. Den Hauptanteil an Geblitze und Gedonner übernehmen in den Bergen naturgemäss die Gewitter.

Bevor das kalkulierte Inferno losbricht, erzählt eine andere, diesmal Westschweizer Nachbarin, dass sie sich nach dreiundzwanzig Jahren noch immer nicht assimiliert hätte und bei den Ticinesen, obwohl des Italienischen mächtig, auf Granit beissen würde, allerdings könne man das nirgends besser als hier. Die Leute, klagt Madame Voisine, seien eng im Denken und sowieso rückständig und verbittert, weil hier so viele Fremde was aufbauen würden, wohingegen die örtlichen Nachkommen längst das Weite gesucht hätten. Nun, in der Enge der Täler ist das Weite sicher nicht zu finden. Im Tessin – und nicht nur da – waltet ein rätselhaftes Austauschprogramm: Die Jungen sind aus den Bergdörfern verschwunden, suchen in den Tälern Arbeit, im Ausland, wenn es sein muss. Aus anderen Tälern, aus dem Ausland gar kommen andere hinauf, auf der Suche nach einem anderen Leben. Die Jungen kommen dann Jahrzehnte später zurück als Alte, wollen sich in ihren alten Townships zur Ruhe setzen, günstigenfalls in dem Moment, da den Zugezogenen, gleichermassen gealtert, das Leben in den Bergen zu beschwerlich geworden ist und sie ohnehin gerne in ihrer Heimat begraben werden möchten. Funktioniert einwandfrei. Im benachbarten Graubünden muss der Touristikverband seit Jahren speziell ausgebildete, zum Teil ausserkantonale Bergbauern an Wintersportorte vermieten, die ihrer Originale verlustig gegangen sind, um so wenigstens eine Grundversorgung an Lokalkolorit zu gewährleisten.

Was das Verhältnis zwischen Französisch und Italienisch sprechenden Schweizern anbelangt, muss man übrigens ein paar Jahrhunderte zurückgehen. «Die Eidgenossenschaft hatte sowohl dem Herzog von Frankreich als auch dem Herzog von Mailand Soldaten geliefert. Die beiden hohen Herren trafen um 1500 bei Novara aufeinander. Es wurden Verhandlungen eingeleitet, und die Schweizer des Herzogs von Mailand zogen heim. Er verlor den

Krieg, und die Franzosen nahmen Mailand ein [...] Die Franzosen wurden von den Italienern ebenso verachtet wie später die Deutschen von den Franzosen – man betrachtete sie als Barbaren, die vielleicht gerade noch tüchtig genug waren, um eine Stadt einzunehmen, aber von Kultur und Amour rein gar nichts verstanden», hat der Schwede Frank Heller für sein Werk *Schweizerreise* recherchiert.

Seit sie im Dorf die neue Gondelbahn installiert haben, beobachtet man sich argwöhnisch, kontrolliert sich gegenseitig auf Missbrauch, sogar mit Ferngläsern, eine hübsche Parabel: Mit der Technik kommt der soziale Verfall. Ordnung muss wohl auch im leichtlebigen Süden sein, nicht zufällig kennt das Italienische das Wort «picobello», und Franzosen sagen gern mal «comme il faut!», um erzieherische Massnahmen durchzusetzen. Die Angst vor Verlust des Eigenen, der Eigenständigkeit und m.E. auch der Eigenartigkeit ist immer wieder ein grundschweizerisches Tableau, auf das alle möglichen Probleme getischt werden, egal in welcher Sprache.

Erstaunlich dennoch, dass in diesem Land vieles zusammenwächst, das nicht unbedingt zusammengehört. Wir Deutsche haben schon Schwierigkeiten mit nur einem Sprachraum, wenn man denn mal das Sächsische als deutschen Dialekt akzeptiert hat. Im Magazin des *Tages-Anzeigers* tat der 95-jährige Ex-Diplomat und Weltbürger August R. Lindt kund: «Die Schweiz darf sich nicht einengen lassen, die Festungspolitik der Kontinente ist vorbei. Die Schweiz muss nicht der EU, sondern der Welt beitreten.» Wahrscheinlich aber nehmen viele Eidgenossen Franz Hohlers Idee ernst, lieber zu warten, «bis Europa der Schweiz beitritt». Dieses Staatengebilde ist prinzipiell nicht schlecht, selbst holländische Tomaten sind nicht übel, wenn man ihnen Ketchup injiziert. Ausserdem müssen Märkte reguliert werden – man betrachte nur die krummen, unterschiedlich langen, keiner Norm unterworfenen, folglich geradezu anarchistisch anmutenden Salatgurken in der Schweiz: für europäische Augen nicht zu verkraften! Es kann aber doch kein Zufall sein, dass das Waldsterben bisher die Schlagbäume ausgespart hat! Die Idee Europa mag zwar gut sein, nur ist es leider unmöglich, kompetentes Personal zu bekommen. Christentum und Kommunismus waren von der Intention her auch ganz brauchbar. Und längst hat die Schweiz ihren Platz auf diesem Globus gefunden: Nehmen Sie nur die Maggi-Pipelines, die von Kempthal sternförmig in alle Welt hinausgehen.

13
Königreich Schweiz

Wie kann die Schweiz jenseits vom Fussball weltweit bella figura machen? Ganz einfach: Ein Königshaus muss her! Besser kann man Imagepflege nicht betreiben, selbst wenn die Spanier neulich dagegen aufbegehrt haben. Aber was wissen die schon? Nicht einmal gescheit tschutten können die noch.

Allein die unbezahlte Werbung in Boulevardmagazinen. Das kleine Monaco – übrigens von der Fläche her nicht mal so gross wie der Central Park in New York – ist wirklich alle naslang in den Schlagzeilen. Selbst Liechtenstein hat Adel. Könige treiben sich gern im Rotlichtmilieu herum oder gehen auf Grosswildjagd in Afrika. Monarchen haben häufig einen in der Krone, schliesslich sind sie blaublütig, und auch der Nachwuchs fällt gelegentlich aus der Prinzenrolle. Jede Eheschliessung, jede Fortpflanzung nebst Taufe, jedes Ableben ruft die Medien auf den Plan. Die gieren alle nach Palaststoffen.

Viele Vorteile: Die Bundespräsidenten müssten nicht mehr rotieren – Ueli Maurer ist ja 2013 fast durchgedreht. Ein gescheiter Hofstaat wäre eine gute Entsorgungsmöglichkeit für Politiker, die man nirgendwo sonst loswerden kann, vergleichbar mit dem Europaparlament, das den Europäern als Gnadenhof für ausrangierte Spitzenkräfte dient. Die Schweiz dürfte fortan auch in allen Königsdisziplinen mitspielen. Endlich Kronjuwelen! Hinzu gesellen sich die segensreichen Auswirkungen auf den Arbeitsmarkt: eine bessere Beschäftigungslage für Paparazzi und Schmierenjournalisten und grosse Themen für *Glanz & Gloria* statt verhaltener Beiträge über glanzlose, unglorióse Cervelatpromis. Aristokraten haben sich eigentlich immer wohlgefühlt in der Schweiz, von Napoleon III. über König Michael I. von Rumänien bis hin zu Matthias Sempach, dem Schwingerkönig.

Wer aber würde sich als Königspaar anbieten? Natürlich müsste in einer direkten Demokratie vom Volk darüber abgestimmt werden, eine Art Royals-Casting wäre vorstellbar. Man könnte sich Mühen und Geld allerdings sparen und gleich zwei halbwegs junge, ambitionierte Politiker fürs Königshaus abstellen: Natalie Rickli, als Landesschlummermutter längst «Königinpastete der Herzen», und Balthasar Glättli als Durchlauchterhitzer – das wärs doch! Die beiden haben in letzter Zeit eine super Performance abgeliefert und könnten lässig als Königshausdarsteller fungieren, ähnlich wie in der Politik. Sollten Rickli und Glättli wider Erwarten unabkömmlich sein, könnte man den Job vielleicht Constantin I. von Sitten andienen, der seinen Klub ohnehin wie ein Sonnenkönig regiert. Walliser Winzer dürften sich fortan Hoflieferanten nennen.

Aber Natalie I. und Balthasar I. würden natürlich die besseren Bilder generieren. So herzig! Nun fällt einem das Königliche nicht eben in den Schoss, und einen Ausbildungslehrplan gibt es nicht. Man könnte Frau Rickli vielleicht erst einmal als Weinkönigin amten lassen. Balthasar könnte unterdessen bei einem Schützenkönig lernen, wie man repräsentative Pflichten ausübt und trotzdem huldvoll lächelt. Oder bei einem Schneekönig.

Gut, bisher war die Schweiz tendenziell eher antiroyalistisch. Hier braucht es dringend Untertanen-Workshops, flächendeckend. Ein hoher Diplomat soll gesagt haben, die Schweizer seien Monarchisten, sie wüssten es nur nicht. Tatsache ist: Es stehen bei jedem royalen Staatsbesuch mehr Leute zum Winken an der Strasse als bei normalem Politpersonal. Auch im Grossen Kanton kennt man eigentlich nur Bierkönige, Wurstköniginnen, *Jacobs Krönung* und den *Burger King,* und derzeit haben sie gerade einen Kaiser, der strunzbürgerlich ist und öffentlich Unsinn in bayrischem Tonfall verzapft. Aber selbst Russland ist auf dem Weg zurück zur Monarchie, seit dort ein Vertreter des Narzissmus-Leninimus an der Macht ist.

Die Schweiz würde sich also keinen Zacken aus der Krone brechen, wenn sie eine Volksabstimmung zum Thema Königshaus zulassen würde. Wer nimmt das Zepter in die Hand? Immerhin, Schweizer, habt ihr schon einen «König von Olten» und in Andermatt einen Pharao, da sollte es doch nicht allzu schwierig sein, noch einen Schritt weiter zu gehen. Es gibt zwar leider keine Gemeinden, in denen «König» oder – in der Romandie – «reine» vorkommt, aber da und dort versteckt sich die Silbe «king» – in Egerkingen beispielsweise. Was uns abschliessend zur Frage der zukünftigen Residenz bringt. Hier würde ich mich doch für Burgdorf einsetzen. Burgdorf hat zwar eine Burg, aber die nennt man Schloss. Dafür ist die Stadt ja auch kein Dorf. Solche Sprüche finden sich übrigens auf der Webseite der Stadt. Dort könnte sich dann ein wohlfeiles Leben bei Hofe abspielen, mit Mike Müller als Hofnarr, dem Gölä als Hofsänger, dazu Kurt Aeschbacher als Queen Mum, und das Schweizervolk hätte endlich Plaisir!

14
Monotonie in O

Losemol: Ovomaltine, Toblerone, Chronometer, ich wette, das ist noch keinem aufgefallen, diese O-Konzentration, oder? Das O – obstinates Objekt der Begierde. Doch, doch bzw. Momoll. Alles moll. Nix Dur – c'est dur! Die Schweiz als Migroskosmos, Occasionen im Coop für O-Saft. Niemand sagt einkaufen: nein – go poschte, in Basel gar: Kommissione mache. Frühstück ist Zmorge. Thunfisch heisst Thon, Huhn Poulet, die Eierfrucht Aubergine, ahnungslose Gurken sind Cornichons, und Schnee ist seit einer Weile: Snow, bzw. im Engadin: Powder. Top ist ein Milchprodukt namens Cow Power. Zürich hat es eine Weile als Downtown Switzerland probiert. Im *SBB*-Fahrplan – auch *Orario* oder *Horaire* – versammeln sich 71 Orte unter dem Buchstaben O – o-là-là! Unter I, das ja auch ein Vokal ist, nur 42. Hihihi – igitt! Vielmehr: O Gott, denn von diesen 42 haben wiederum 15 ein O im Namen – man nenne nur Interlaken … Ost! (Ist das eigentlich geteilt wie seinerzeit Berlin? Dann nehmen Sie bitte den guten Rat eines Deutschen an: Niemals wiedervereinigen!) Allein die vielen Orte mit -kon am Schluss: Opfikon, Pfäffikon, Lexikon, den Rest mag man sich schenkon. Die Schweizer unterhalten eigens einen italienischsprachigen Kanton, bloss um mehr Os in den Sprachkreislauf einspeisen zu können: «Airolo Faido Contra Camorino Oregano Arbedo Onsernone Loco Losone Locarno Generoso Morcote Risotto. Grazie. Molto.» Das Fahrrad wurde umbenannt, bloss weil kein einziges O drin vorkam. Sowieso bevorzugt man den Rolls-Royce. Stein am Rhein nennt man Stone on the Rhône, das tönt internationaler. Moscheen statt Kirchen. Ein Kind ist ein Goof, und was für ein absonderliches Gerät fährt es da spazieren? Ein Trottinett, in Deutschland Kickboard genannt. Die Deutschen schrecken, um Geschwindigkeit zu erzielen, nicht vor dem Kick – also Tritt! – zurück. Schweizern genügt der Trott, Tempo gibt ihnen keinen Kick. Lieber trifft man sich beim Obligatorischen. Das Abseits im Fussball: Offside. Einzelwettkämpfe an Reck und Barren: Solothurn. Drücken heisst stossen. Schweizer gehen online, die Souschwobe lieber an der Leine. Was ist da los mit dem O?

Rund ist es, rund wie ein Steuerschlupfloch, ein Ozonloch, ein Rand mit einem Loch in der Mitte wie im Gottardo, das O ist rund wie ein Donut – und innen hohl: Hohles ist von hoher Bedeutung, z. B. die hohle Gasse. Oder Gosse? Ludwig Hohl. Hohl und rund, A und O, rund wie Anfang und Ende vom Alphorn, es muss rundgehen rund um die Uhr, deshalb müssen Bundespräsidenten rotieren, die Schweizer lieben es, wenn es rund geht: Schraubverschlüsse bei Weinflaschen. Äpfel. Das Oder – oder? Die Lottokugel. Das Tüpfli. Die Filzkugel, solange der Roger draufdrischt. (Wäre Mademoiselle Hingis eine waschechte Schweizerin, würde sie eher Martona Hongos heissen.) Die Schweizerische Rundspruchgesellschaft – muss man deutlicher werden? Die Bezirke in Zürich nennt man Kreise, nur um die Form zu wahren. Womöglich kommt Yoko Ono aus Oberzollikofen – oh, no. Die Geschichte des O in der Eidgenossenschaft ist die einer offenen Obsession. Zu ärgerlich, dass der Nachbar Österreich gar mit einer Art O anfängt und die Nullen gar die Macht übernommen haben. Stopp! Dass mir das immer wieder passiert! Ich habe das Problem, Os und Nullen nicht auseinanderhalten zu können! Die Null in Christoph, die Null in Blocher, local zero. Das Wort Xenophobie verfügt sogar über zwei Nullen. So gelangte ich eines Tages zu meiner eigenen Verwunderung in die Stadt Nullten, dem absoluten Nullpunkt der schweizerischen Eisenbahnen.

Dort auf dem Perron ist es mir aufgegangen – das O und die Null – oje! Da steckt System dahinter! Nicht hip, sondern hop! Kein Flop! Da muss man nicht mal Oologie studieren, sondern nur die Nulligarchie observieren: Die Schweiz ist eine internationale Finanzoase, obskurer als Toronto, Ontario – da muss man die vielen Millionen Nullen à conto tarnen. Zwischen Milliarden von Os fallen die Nullen am wenigsten auf. Ein Horror für Finanzbehörden, Gopf. O weh! Übrigens das Kürzel für Obwalden. Oder?

So ist sie, die Schweiz: klein, aber uh-oh! Das Oooo erklärt auch das innige Verhältnis zwischen Schweizern und Albanern – Hauptsache, sie stammen aus dem Kosovo. Irgendwelche anderen Ausländer hier? Wo? Sie wollen Ihre Chancen auf einen roten Pass optimieren? Obacht! Besorgen Sie sich noch morgen in Oberrohrdorf einen Rhododendron! Noch etwas, Eidgenossen – es ist an der Zeit, endlich Como und Domodossola zurückzuerobern! Okie-Dok? So long. Au revoir. Gschlosse!

15
Nachtrag: Etüde in Ü – die türkische Schweiz

Grüezi, Löli! Katze heisst Büsi, Maus heisst Müüsli. Arbeiter Büezer. Oft tragen sie ein Übergwändli. Der Spiesser ist ein Bünzli. Meist hat er wenig Münz. Hobby-Rennfahrer nennt man Gümmeler. Schnürlischrift! Füdlischuppen! Gebühreschnüre – das sind übrigens keine Gebetsmühlen, das ist der Rosenkranz des Mülltrenners. Überall diese Üs! Überall! Schüblig. Bürli. Güggeli. Nüsslisalat. Rüebli. Sprüngli. Bettmümpfeli. Z'Nüni. Alles isch tüüür, übel, übel, übel! Dazu die Ös: Döner. Apéröli. Blööterliwasser. Döggeli. Töff. Sömmerung. Mörgeli, Löli, Reihenfolge zufällig. Merkt ihr was? Das ist lupenreines Türkisch! Da braucht man auch kein besonderes Gspüri für: Die Schweiz ist türkisch, Minarettverbot hin oder her! Numme die Romands, nei, au die Tüpflischisser. Überhaupt alle Üüsserschwiizer! Nicht nur wegen Müslüm oder Murat Yakin oder dem Gölä. Da hat die *SVP* mal einen Moment nicht aufgepasst: Es gibt eine türkischsprachige Schweiz! Nein, nicht kompakt am Stück: Die hat man sich wie einen Flickenteppich vorzustellen, verstreut wie der Kanton Sölöthürn. Die Türken vor Wien, das war einmal. Jetzt sind Türken *in* Zürich! In Thun gibt es ein Café Mokka!

Köniz – kann ein Ort noch türkischer klingen? Mal abgesehen vom benachbarten Bümpliz? Gurbrü, Cavadürli. Münsingen. Oerlikon. Oensingen. Göschenen. Bulle. Flüelen. Lützelflüh. Zürich. Küssnacht. Mühleberg. Wünterthür. Rhäzüns. Küblis. Die Pfnüselküste. Die Berge: fest in der Hand der Snöber und der Sünneler, die im Liegestuhl pfüüsele.

Die Switzerlanders sind ehrlich betüpft: Was für ein Chrüsimüsi, 100 Punkte auf dem Grüsel-Index, gehört das nicht alles in den Güselchübel? Ündsoweiter! Manche fangen zügig an zu brüele. In der Nacht hocken sie auf dem Hüsli und grübeln, oh, wie es müehlt in ihnen. Rasch noch einen Schlück Wii aus vergorenen Trüübli, und sie werden übermümpfig und bringen getürkte Nachrichten in Umlauf, Wahrheitsgehalt: Nicht mal ein Müü. Die meisten können Muezzin nicht einmal von Müesli unterscheiden. Glarus, Bosporus, für die ist alles eins. Die Russen von St. Moritz: Schaut mal, ob das nicht sogar Bosporussen sind.

Istanbul, sonambul, Byzanz und Brisanz, anabolisch und anatolisch, Dardanellen und Salmonellen – Izmir egal, Chef! Ich schwör!

Exgüsi, gerade gestern habe ich auf dem Uetliberg die erste Schleiereule gesehen – bei Halbmond. Auf Wiederlüge! Oder, wie es immer öfter heisst: Tschühüss!

Moment noch: Rütli! Da muss man doch öppis tun. Irgendöpper!

16
St. Hornous

Eine Dauertemperatur zwischen 20 und 30 °C bei einer Luftfeuchtigkeit von etwa 80 Prozent – das ist im Sommer nichts Ungewöhnliches, aber wo in der Schweiz kann man so etwas das ganze Jahr über erleben? Richtig, in der *Regenwaldhalle* im *Zürcher Zoo,* auch *Masoala-Halle* genannt. 90 m breit, 120 m lang, 30 m hoch, mit 17 000 Pflanzen und Bäumen auf 11 000 m^2 Fläche. So weit die Fakten. Ein Besuch beflügelt das Fernweh, der nahe Flughafen Kloten liefert den Sehnsuchtssoundtrack dazu. Ein weiterer Dschungel mitten in der Stadt. Kaum öffnet sich die Tür, ist man im grünen Bereich.

Man hört die wildesten Geräusche, schrille Schreie, Geraschel, geheimnisvolles Blubbern und Gackern, aber was wirklich passiert, vollzieht sich im Verborgenen. Viele Tiere sind hohe Tiere, blicken von oben auf uns herab und lassen ab und zu etwas fallen. Kurzum: Es geht eigentlich zu wie im Bundeshaus in Bern oder im Bundestag in Berlin. Und wen man hier so alles treffen kann: die Perlwachtel. Das Afrikanische Blatthühnchen. Die Witwenpfeifgans. Den Kuhreiher. Den Mähnenibis. Schräge Vögel, die auch im Bundesrat ihre Entsprechung finden könnten. Häufig ist natürlich das Chamäleon vertreten, ausserdem Fadenwürmer und Erzwespen, Wirbellose, Fauchschaben, Flughunde, die für ihre Luftnummern bekannt sind, und schliesslich die Roten Varis, die ihren Namen allerdings nicht einer Parteizugehörigkeit verdanken. Hier handelt es sich um Lemuren, also Primaten, Halbaffen. Die *Masoala-Halle* bietet zudem ein wenig Morast, Schlingpflanzen, die sogar Tarzan begeistern würden, und Palmen. Draussen in der wirklichen Welt gibt es eine Menge, das einen auf die Palme bringen kann, nur fehlen sie dort leider. In der *Masoala-Halle* hängen allerdings auch Tafeln, auf denen es heisst – wenn jemand sein Schulmadegassisch auffrischen möchte – «Tsy azo aleha», was bedeutet: «Kein Durchgang» oder «Passage fermé».

Wenn es in unseren Breiten immer tropischer zugeht und das Dschungelcamp gerade vor der Haustüre anfängt, ist das freilich keine gute Nachricht für die *Masoala-Halle.* Der Regenwald zmizt z Züri blickte bereits 2013 auf sein zehnjähriges Bestehen zurück, ein Ereignis, das nicht nur an der Limmat gefeiert wurde, sondern auch mit der Eröffnung einer ähnlichen Institution in der madegassischen Hauptstadt Antananarivo, bei der u.a. Patent Ochsner aufspielten. Die Madegassen haben in knapp zweijähriger Bauzeit die *Salle Albisgütli* hochgezogen, in der die Bedingungen des untropischen Schneewaldes in der Agglo Zürich simuliert werden, mit Stadttieren wie Fuchs, Wildschwein, Wolf, Menschenschlangen oder neuerdings Tigermücken – the Swiss Big Five – und dies unter den Bedingungen eines hundskommunen Spätnovembertags: diesig, feuchtkalt bei Temperaturen um 7 °C. Für die hitzegeplagten Bürger der madegassischen Hauptstadt sicher eine willkommene Abwechslung. Dieses Modell könnte ein klimagewandeltes Zürich dann in dreissig Jahren übernehmen. Wobei: Zürich ist längst tropisch.

Die beiden üppigen Palmen vor dem *Wellenberg-Hotel,* die brasilianischen Nächte im *Roxy,* die biologische Ananas bei Schwarzenbach (getr.), die *Calypso*-Wurstbar am Sihlquai. Darüber hinaus schweizweit: Die Guggemusig Stäfa mit stilechten Steeldrums, das Sonnenstudio *Bermuda* in Steffisburg, Panamahüte am Basler Spalenberg, Affentheater in Bern zum Original-Soundtrack von *Chica Torpedo,* die *Rosita-Bar* in Sitten, wo Carmen,

Gloria und Dolores verwöhnen und bei Interesse auch Ramón, die Verquickung von Staatsgewalt und Unterwelt im Tessin auf hochkolumbianischem Niveau.

Un momentito, por favor: Wo aber kriegen die Schweizer ihren Nachschub an tropischen Getränken, Nahrungsmitteln und Requisiten her? Das ist doch immens teuer alles, ohne Kolonie eigentlich nicht zu machen, und die Schweiz hat doch nie Kolo… Ha! Grundfalsch! Eilen wir zurück ins Jahr 1592, da sich bei ihrer Majestät der Königin von England ein gewisser Tinu Zuberbühler aus Lützelflüh als Kartograf verdingte, der fortan mit Sir Francis Drake akribisch die Inselwelt der Karibik erforschen sollte. Heimlich gelang es ihm, ein kleines Eiland für die Schweiz abzuzweigen, das wir heute selbst in guten Atlanten nur mühsam im weit verzweigten Gesprengsel der Grenadinen ausmachen können: St. Hornous. Als heimattreuer Geselle verständigte er seine Regierung, die unverzüglich ein Scherflein Männer über den Atlantik sandte, um die Insel in Besitz zu nehmen. Jahrhundertelang hat Bern es verstanden, den Besitz geheim zu halten, um bei Neidgenossen keine Begehrlichkeiten zu wecken. In Zeiten von Geldwäsche und Raubgold würde eine Diskussion darüber, ob sich ein Staat im 21. Jahrhundert überhaupt eine Kolonie erlauben könne, gerade noch fehlen. Dabei sprechen durchaus Gründe dafür, allen voran der ungehinderte Zugang zu Rohstoffen: ausgedehnte Kakaoplantagen oder, aus jüngster Zeit, die Unterwasseralmen für Seekühe, welche langfristig die Abhängigkeit von herkömmlichen Wiederkäuern minimieren könnten. Wo viel Wasser ist, fällt auch das Untertauchen leicht. Ausserdem wächst hier die Frucht, die der Insel ihren Namen gegeben hat und ohne die die eidgenössische Sportwelt nicht wäre, was sie heute ist: die Hornuss. Als weitläufige Verwandte der Muskatnuss ist sie eine endemische Art und daher von eminenter Bedeutung für die Aufrechterhaltung des Spielbetriebs. Das in der Karibik so beliebte Cricket gilt als Frühform des Hornussens, von Kennern liebevoll als «Stratosphärenpingpong» bezeichnet. Das Hauptargument für die Beibehaltung einer Kolonie dürfte allerdings sein: Österreich hat keine. Die Schweizer haben auf St. Hornous über Jahrhunderte hinweg in aller Seelenruhe neue Gesellschaftssysteme getestet: So ist das Prinzip der Saisonniers eine simple Weiterentwicklung der Sklaverei, auf der Insel erfolgreich bei den Limonenfaltern getestet, dann in den Weinbergen der Waadt zur Perfektion geführt. Gern wird die Bananenrepublik Costa Rica mit der Schweiz verglichen, hier trifft es zu: Winzer zahlen ebenso jämmerliche Löhne wie *United Fruit,* und in beiden Ländern werden Arbeiter aus der Luft reichlich mit Pestiziden bestäubt.

St. Hornous – übersehen in Übersee. Leider wurde das Eiland dieser Tage, wie könnte es anders sein, zufällig vom Location Scout eines Privatsenders entdeckt, der nach einem neuen Schauplatz für eine Inselsoap fahndete und sich nicht wenig wunderte, als ihm am Strand der Inselhauptstadt Sommerthur eine fotogene Velobrigade entgegenradelte, die er augenblicklich zwangszucasten versuchte. Daher sollte man sich schnellstens dazu entschliessen, es den Franzosen nachzutun, die ihren Besitzungen in der Welt einfach den Kolonienstatus entzogen und sie zu Départements erklärten. St. Hornous als 27. Kanton – porque no? Flugs ein Embargo gegen die helvetische Frostlaune verhängt, so kommen alle besser über den Winter, denn die Hitze flirrt immer, und dann auf das Wohl von St. Hornous angestossen, jene einsame, geradezu verlorene Insel in der Weite des Ozeans – für Schweizer ein Bild von beispielloser Symbolkraft!

17
Kleine Geschichte der Zuwanderung

Ende Jahr 2012 präsentierte *Reader's Digest* das Ergebnis einer repräsentativen Umfrage unter 2514 Personen, demzufolge 67 Prozent der befragten Schweizer angaben, mit dem politischen System zufrieden zu sein. Glückwunsch! Das waren nämlich doppelt so viele wie in Deutschland (29 Prozent) und in Österreich (34 Prozent). Schweizer fürchten sich rasant weniger vor Arbeitslosigkeit, sozialem Abstieg, Altersarmut und Terroranschlägen als Deutsche. Nur vor der Überfremdung haben sie die Hosen voll. Dafür müssen sie sich nicht schämen, damit sind sie in Europa nicht allein. Schon sind wir mitten im wundersamen Bereich der Xenophobie – das ist die Angst vor dem Fremden, die Angst vor dem Unbekannten. Viele denken dabei ungeniert: Wenn die Fremden doch wenigstens von hier wären oder besser noch von nebenan, dann wären sie unsere Nachbarn, und wir könnten sie verklagen! Aber wie hat das Ganze überhaupt angefangen?

1960: Die sog. Wirtschaftswanderzeiten mit den

ersten aktenkundigen Zuwanderern, die über einen mit Worten kaum zu beschreibenden Migrationsvordergrund verfügen.
1963: Erste Beschränkungen. Aufenthaltsbewilligungen werden nur an Ausländer erteilt, deren Zuwanderstiefel eine Schuhgrösse von 42 nicht überschreiten.
1964: Bundesrat gibt als Zielvorgabe, dass die Ausländer bis Ende der Sechzigerjahre abnehmen müssen. Bundesrat von Moos schlägt eine spezielle Diät vor.
1970: Schwarzenbach-Initiative abgelehnt. Nationale Kreise bringen gefälschte Zuwanderkarten in Umlauf, um die Klientel zu verunsichern.
1973: Die Zahl der Zuwanderer wird einmal im Jahr in einer bunten Show am Fernsehen ausgelost.
1975: Wenig überraschend wandern tatsächlich mehr Ausländer aus als ein, was sich rein logisch schon aus dem Namen ergibt, sonst müsste es ja Einländer heissen.
1984: Mit den neuen bikollateralen Abkommen verbessern sich die Bedingungen für Ausländer deutlich, sogar für Ex-Jugos. Die Stimmung ist ganz wanderbar.
1989: Der Bundesrat führt einen Wandertag ein. Beim sog. «Schuelreisli» präsentiert der jeweilige Bundespräsident seinen Kollegen mit stolzgeschwellter Brust seinen Heimatkanton.

1992: Anteil der Personen via Familiennachzug nimmt stetig zu. Auch die Personen selbst nehmen zu, selbst die, die mit dem Nachtzug kommen, sowie sämtliche Nachzügler. Die *SVP* möchte die Schweiz lieber dünner besiedeln.
1994: Der Wanderbra wird erfunden.
1996: Die Qualität der Zuwanderstiefel nimmt zu, obwohl viele Arbeitsplätze der Schuhindustrie nach Asien abwandern. Allerdings steigen die Preise erheblich, niemand kommt mehr mit Schusters Rappen aus.
1998: Deutsche gibt es neuerdings als Occasion.
1999: Für die Personenfreizügigkeit fordern Freisinnige die zügige Einführung des Halbtax-Abos. Die Deutschen verstehen «Halbtags-Abo» und fragen an, ob man sich die Tageshälfte selbst aussuchen darf.
2002: Eine Abwanderung ist zu vermelden. Stefan Brülisauer verlässt den SV Muttenz, um sich dem frisch gebackenen englischen Erstligisten Wolverhampton Wanderers anzuschliessen.
2007: Die Kantone Zug, Schwyz und Zürich melden ein erhöhtes Aufkommen an Wanderheuschrecken.
2010: Zugewanderte Mundartrapper erobern mit Siebenmeilenstiefeln Schweizer Hitparaden, auffälliger Vibrationshintergrund.
2013: *Grünen*-Politiker Balthasar Glättli weist da-

rauf hin, dass es immer mehr Wanderer mit GPS-Systemen in der Schweiz gebe.
2014: Überlegungen bei *SP* und *Grünen,* den Begriff Zuwanderer in die heutige Zeit zu übertragen, da Gehen «Walking» heisst, Wandern «Hiking» und Weissweintrinken «Riesling». Die Überlegungen dauern zur Stunde an.

Was man keinesfalls vergessen sollte: In der Schweiz setzt bereits mit Beginn der Eisenzeit gegen halb acht in der Früh die keltische Zuwanderung ein.

Niemand sollte generell den Fehler begehen, die Grenze zu Fuss passieren zu wollen, denn im Fall wäre man nicht nur ein Wanderer, sondern einer, der in die Schweiz reinwandert, oder lassen wir das R einfach weg: ein Einwanderer! Allerdings liessen sich Migranten umgehend einer sinnvollen Beschäftigung zuführen, man könnte sie z.B. in den Zivilschutzkellern Schuhe fertigen lassen, bei Schuhen gibt es immer einen Riesen-Absatzmarkt, egal, ob sich die Leute nur die Füsse vertreten oder eine kesse Sohle aufs Parkett legen wollen. Mit helvetischen Schuhen könnte man den Billigprodukten chinesischer Wanderarbeiter – Freihandel hin, Freihandel her – Paroli bieten. (Paroli, ist das eigentlich schwyzertüütsch? So wie Zoccoli?) Die Schweiz könnte mit einem Heer von Migranten preiswerter produzieren und müsste nicht länger die enormen Frachtkosten für Ware aus China bezahlen. Damit würde man auch einen deutlich günstigeren CO_2-Fussabdruck hinterlassen – gerade bei Schuhherstellern sind Fussabdrücke das A und O. Ausser im Engadin und im Oberwallis, dort geht es primär um Tatzenabdrücke. Gegen das illegale Eindringen von Bären wie beispielsweise M13 – welch poetischer Name! – wurde seinerzeit offiziell eine «Vergrämungs-Eingreiftruppe» eingerichtet. Vielleicht greift die nächstens bei Deutschen ein, irgendwann werden sie uns Sender umhängen und ebenfalls mit poetischen Namen versehen: Mein Name wäre D398.

Womöglich regt dann die *SP* an, alle Einwanderer serienmässig mit Teleskopstöcken auszustatten. Die *CVP* verlangt postwendend Sparstrümpfe dazu. Die *Grünliberalen* wettern, man könne nicht dauernd auf Pumps leben, und die *Grünen* schreien nach einer Birkenstockinitiative. Die *SVP* zetert wie gewöhnlich, die Schweiz sei ja schon früher von Sandalen heimgesucht worden, und später seien dann in Massen die Leute vom Stiefel gekommen und dann die vom Balkan mit ihren Stilettos bzw. Stiletti. Oh Sohle mio, Schuh und Sühne! Es wird stets interessant, wenn sich Borderliner mit Grenzen beschäftigen. Und die *Frei-*

sinnigen weisen auf Folgendes hin: No shoes, no blues, no service, und schliesslich die *BDP*... gut, das interessiert nun eigentlich niemanden mehr.

18
Pictures of Lili

41 293 Quadratkilometer, oh, das ist klein. 170 Einwohner pro, hoppla, das ist viel. Da bleibt wenig Platz. Kein Wunder, dass der Schweizer zum Verkleinern tendiert: die berüchtigte Endung -li. Das Diminitüvli. Alles, was in Deutschland auf -chen endet, nennt der Schweizer -li, ausser, merkwürdigerweise: *Feldschlösschen* – die haben eine Sondergenehmigung, jedenfalls was die offizielle Schreibweise anbelangt. Wobei Genehmigung auf Schwyzertüütsch Genehmigig heisst. Aus -ung wird generell -ig. Aus Endung Endig. Hat man schon einen Buchstaben gespart. Zeitungen heissen Zitige. Zungen – Zige. Aber ist Dung wirklich Dig? Nein, so einfach ist es nun auch nicht, mit Logik ist dieser Sprache nicht beizukommen. Die Bewohner des Kantons Uri heissen nicht einfach Uriner. Obwohl weit im Osten gelegen, sind die Einwohner von Glarus auch keine Glarussen, sondern Glarner. Derselben Logik gehorchend müssten die Urner im Kanton Urus leben.

Die Neigig zur Verkleinerig verrät Besessenheit. Li, Li, Li. Broccoli. (Zoccoli, *Jelmoli*) Chilischoten? Chilili! Manchmal wird das Li sogar vorangestellt: Limmat. Lee Marvin. Der Kunstturner Li. Oder das Kunstturnerli? -li ist die absolute Lieblingssilbe! Alles wird verkleinert, von Kopf bis Fuss, von Orell bis Füssli, quasi gelist, ein Liestal, in dem eine riesige Schrumpfmaschine waltet. Pardon: eine *winzige* Schrumpfmaschine natürlich, ein Diminuvator! Die macht aus dem hässlichen Wort Zwang das liebreizende Zwingli. Aus dem Kaninchen wird das Chüngeli. Aus dem Kuchen der Kuli. Aus Schäublung wird Schüblig. (Was zur Hölle ist Schäublung??) Der «petit» Appetit ist unersättlich, ein undurchsichtiges Land! Wobei auch die deutsche Hochsprache Rätsel aufgeben kann: Weinschorle. Heisst das in nördlichen Breiten Weinschorchen? Was ist dann mit den Bodensee-Felchen? Felli? Fellini? Wenn wir schon in der Haute Cuisine sind: Der Schweizer hat überhaupt keinen Platz für tausenderlei verschiedene Gewürzgläsli, das Kapitel Würzfolklore deckt er en complet mit einem Kompaktstreu mit dem Namen Aromat ab. Sogar die Schärfe hat man strengstens organisiert, es ist alles nur eine Frage der Konzentration, mindestens haltbar siehe Deckel.
«Schwyzerland, du bisch so chli, aber schöner chönntsch ned sii!» So klein. Aus Platzgründen

musste der Vierwaldstättersee zum Dreiwaldstättersee downgegradet werden. Zum Surfen müssen Mikrowellen reichen. Nicht mal genug Platz für Fussballspieler hat es, die muss man zwangsexilieren in die deutsche Bundesli-Ga. Um Kleinbasel zu finden, bedarf es einer Lupe. Ausgewachsene Eisenbahnen wie z.B. die Rhätische werden auf Schmalspur eingedampft. Wozu aber züchten Helvetier dann diese riesigen Lawinenhunde, wenn die eigentlich gar keinen Auslauf haben können? Ist doch absurd: Während sich der Deutsche mit Hingabe dem Dackel widmet oder mit platzsparenden Bonsaitölen abmüht, die nie den Erdboden betreten haben, setzt der Helvetier raumverdrängende Bernhardiner in die Welt. Wieso ist der Senn da nicht sensibler? Nein – lieber verkleinert er sein Auto. (Das Smart-Prinzip wurde längst auf andere Gebrauchsgüter des Alltags angewendet: z.B. Swash – die Armbandwaschmaschine für die kleine Handwäsche zwischendurch.)

41 293 Quadratkilometerli. Das ist wenig. 170 Personen pro Quadratkilometer. Das ist viel. Selbst im Liebesleben wird verkleinert. Keine Bange, jetzt kommen keine Verhüterliwitze, aber der Begriff «Sexheftli» sagt einiges. Der Überbevölkerig steuert man in den Bergen mit Lawinen entgegen, und es stimmt bitter, dass die Österreicher dabei

viel erfolgreicher sind. Besser verlaufen Versuche mit Canyoning (Schluchting) und Gleitschirmflieging. Aber nicht einmal das Obligatorische zeitigt wirklich positive Ergebnisse. Diejenigen, die das Knabenschiessen überleben, werden von ihren Vätern an die Schweizergarde im Vatikan abgeschoben, ohne Ablösesumme. Auch das schafft Platz. In der Schweiz muss es obendrein immer sauber sein, denn wären alle Gegenstände zusätzlich mit einer Dreckschicht überzogen, wäre es ja noch enger. Die Schweiz will aber partout kein England sein. Lieber übt man sich in Bescheidenheit. Sich übergeben heisst chörble, also körbeln. Der Deutsche muss immer gleich kübeln, er braucht keinen Korb, sondern den Kübel, was typisch ist für die deutsche Grosskotzigkeit. Vielleicht ist es ja die ewige Kälte, die alles schrumpfen lässt. Auf den Bankkonten sind Gelder eingefroren. In Basel war es im Winter 2012 so eisig, dass man die Bäume von Christo einpacken lassen musste. Bemerkenswert in diesem Zusammenhang der Unterschied zwischen Hühnerhaut und Gänsehaut – wofür hat sich wohl der Schweizer entschieden? Für das Huhn, es ist kleiner.

Wenn man einem Deutschen erzählt, man komme gerade aus der Schweiz zurück, lautet die Antwort reflexartig: «Und? Schokolade mitgebracht?» Die

Schwyzertüütschkenntnisse des Deutschen beschränken sich eigentümlicherweise auf die beiden Automatismen «Chäschüecheli» und «Chuchichäschtli», die er, sobald die Rede auf irgendein helvetisches Thema kommt, wie ein Mantra in dumpfer Inbrunst vor sich hinbrabbelt. Das Land durchmisst er meistens zügig, was auf Hochdeutscherisch nebenbei keineswegs zügung heisst. Das Motto: «Fenster hoch und durch!» Er kann es kaum erwarten, in eine Grenzstadt zu gelangen, deren Namen er ebenso hartnäckig wie unbeirrt als Tschiasso ausspricht, wo er dann weltmännisch seinen Tschianti ordert. Die feinen Eigenarten der Eidgenossenschaft teilen sich ihm daher selten mit. Weder weiss er, was ein Kalbsvoressen ist, auch wenn dies nicht direkt appetitlich klingt (da kommt einem gleich wieder das Chörble in den Sinn), noch ist es ihm jemals vergönnt gewesen, an jenem vollmundigen Schild Anstoss nehmen zu können: «Durchfahrt verboten – ausgenommen Anstösser». Noch etwas: Was ist eigentlich ein «Selbstunfall?» Kann man Unfälle auch machen lassen? «James, Sie können den Wagen jetzt anstossen!»

19
Schweizer!

Schweizer! Gebt endlich auf, dieses nutzlose Klein-Klein hat keinen Sinn mehr, Kleinstaaterei hat keine Zukunft! Fusion statt Konfusion! Höchste Zeit, der Bundesrepublik, dem Grossen Kanton, beizutreten, Widerstand ist zwecklos! Wäre ohnehin nur eine Formsache, euch friendly overzutaken. Ohnehin nähern wir uns unaufhaltsam einander an: Ihr kriegt tonnenweise unsere 1-a-bundesrepublikanischen Abgase frei Haus geliefert – gratis erst noch. Dafür sind bei uns wahrscheinlich garantiert mehr Original-Sackmesserli im Umlauf als bei euch – wir haben einfach mehr Säcke! Eure Nati spielt sowieso bald komplett in der Bundesliga, und dieser Roger Köppel wohnt doch längst im deutschen Fernsehen.

Erfolglos habt ihr wiederholt versucht, die allgegenwärtige deutsche Hochkultur zu destabilisieren. Kurt Felix und Paola, Vico (das Torrianische Pferd), Emil Steinberger, Heidi, Acker- und Kachelmann, Beatrice Egli, Bruno Ganz (von Ganz N'Roses), leider auch dieses Grinsgesicht, das einer gewissen Francine Jordi gehört und in grauer Vorzeit jenes Lied über diesen Kiosk (oder war das etwa 'ne Bank-ch?) – heldenhaft haben wir allen Attacken getrotzt. Den Schawinski haben wir ja 2006 retournieren können – postwendend hatten wir wieder die Hunziker am Hals. Es ist aber doch bezeichnend, dass der bekannteste Schweizer Kriminalfilm, *Es geschah am hellichten Tag,* mit Gerhard Fröbe und Heinz Rühmann besetzt wurde – schöne Helvetier sind mir das! Liselotte Pulver hätte ohne Deutschland ihr selbiges rasch verschossen gehabt.

Einer der bedeutendsten Schweizer, nämlich Albert Schweitzer, war nicht mal einer, sondern Elsässer! Erstaunlich, dass ihr es überhaupt zu einer eigenen Identität bringen konntet. Euren grossen Nationalhelden William Tell (The Frenetic Helvetic) hat es vielleicht nicht einmal gegeben, der soll die Schöpfung eines gewissen Shakespeare sein: Go, Tell it on the mountain! Bzw. von Schillers Fritz: «Die Schweiz ist eine deutsche Erfindung. Ohne Wilhelm Tell hätte sich nie ein Selbstbewusstsein entwickelt!» Hat wer gesagt? Adolf Muschg. (Im Grossen Kanton ist MuSchG übrigens die Abkürzung für «Mutterschutzgesetz».) Ach, konzentrieren wir uns lieber auf unsere Gemeinheiten …

Gemeinsamkeiten: Deutschschweizerer! Wir sprechen dieselbe Sprache. Wir verstehen euch zwar nicht, aber den Umgang mit exotischen Zungenschlägen sind wir seit 1990 gewohnt, also seit wir mit Menschen aus dem Arzgebirg' oder Vocklenburg-Meerpommern zu tun haben … müssen. Das schweizt zusammen.

Apropos, Deutschschweizer: Grossherzig würden wir das Ticino dem Italiener, den Kanton Zürich den Frühengländern, die romantischen Kantone wie das Wallis, die Waadt oder den Québec dem Franzos' und die Rätoromania dem Rumänen überantworten, damit es nicht etwa zu einer Balkanisierung der Eidgenossenschaft kommt. Mit dem Anschluss der Deutschschweiz an die Bundesrepublik wäre die lästige Europadiskussion ein für allemal vom Tisch. Eure Fahne ist eh nur der Negativabzug unseres Rotkreuzsymbols. Noch etwas: Um die Anschaffung von Kampfjets müsstet ihr euch dann keinen Kopf mehr machen.

Schweizer: Vertraut uns! In Sachen Schweiz haben wir Erfahrung, seit Jahrzehnten beherbergen wir die Fränkische, die Holsteinische und seit 1990 auch die Sächsistische Schweiz, und da hat sich noch nie jemand beklagt. Eine «Schweizerische Schweiz» hat uns gerade noch gefehlt. Sogar ein

Jura haben wir, was heisst: eins? An jeder grösseren Universität haben wir eins. Ihr müsstet nur noch lernen, dass Arm und Brust zwei völlig verschiedene Dinge sind, und wir könnten bis dahin herausfinden, warum man euer Land immer das Costa Rica Mitteleuropas nennt.

Schweizer! Los jetzt! Es ist eh nur eine Frage der Zeit! Falls das mit dem Beitritt allerdings nichts werden sollte, könnt ihr auch gern Deutschland besetzen! Dann wird da womöglich mal der Kaffee besser! Schweiz, es wird einmal ein Wunder geschehen!

20
Schrumpfgermanen

Schwiizer, mr gönd! Es ist genug. Jahrelang haben wir, wenn wir unser Auto mit dem deutschen Kennzeichen auf Schweizer Grund und Boden parkten, einen Zettel aufs Armaturenbrett legen müssen: «Nur zu Besuch!!!» Fette Lettern mit drei Ausrufezeichen!!! Bloss damit uns nicht der Lack zerkratzt wird. Von friedlicher Kuhexistenz war da wenig zu spüren. Jetzt ist der Lack ab. Die Zahlen sprechen eine deutliche Sprache: Seit fünf Jahren wandern immer weniger Deutsche ins südliche Nachbarland ein, dafür wandern immer mehr wieder aus. Gut, manche Dütsche verlassen das Land mit den Füssen voran, Exodus durch Exitus. Aber die meisten gehen eigenfüssig.

Schwiizer, mr gönd! Warum, werdet ihr euch vielleicht fragen. Weil viele von uns einsam sind, manche betrachten den Aufenthalt bei euch schon als Isolationsfolter. Selbst Selbsthilfegruppen der Schwobe in Zürich klagen über Mitglieder-schwund. Viele Deutsche geben Heimweh als

Grund an, von einigen deutschen Kassen wird das längst als eigenes Krankheitsbild anerkannt, wie Kopfweh.

«Die nationale Enge der Eidgenossenschaft braucht als Komplement die internationale Weite.» Woher stammen diese weisen Worte? Aus der Schweizer Bundesversammlung 1915. Für internationale Weite sorgten Leute wie diese: Heinrich Nestlé kam aus Frankfurt am Main. Das zweite B in *ABB,* vormals *Brown, Boveri & Compagnie,* bezog sich auf Walter Boveri aus Bamberg. Noch ein Franke: Hans Wilsdorf aus Kulmbach, Gründer des Unternehmens *Rolex. Swatch:* Nicolas Hayek aus Beirut. Gott sei Dank nicht aus Bayreuth, Glück gehabt! Aber: Die Tunnelbohrmaschine «Sissi» im Gotthard – deutsch. Glücklicherweise will die aber nicht zuwandern, sondern gleich durch nach Italien.

Man darf nie vergessen: Es waren Schweizer Banker, die in Deutschland reihenweise Anwälte oder Zahnärzte zwangen, ihre Ersparnisse auf Schweizer Bankkonten zu transferieren. Wir wären doch selbst nie auf die Idee gekommen! Es waren Mitglieder des Mobilen Einsatzkommandos der Schweizergarde, die arglose ostdeutsche Arbeitskräfte kidnappten, um sie unverzüglich in irgendwelchen obskuren Grandhotels zu versklaven.

Schwiizer, mr gönd! Allein das Ergebnis der Abstimmung zur Masseneinwanderung – wobei man gerechterweise sagen muss: Die Abstimmungen haben oft eine geringere Wahlbeteiligung als *Deutschland sucht den Superstar,* das wird euch im Fall Beatrice Egli bestätigen. Was für ein Wort: Masseneinwanderung – es kommt alles immer gleich in Massen heutzutage, im Gegensatz zu früher, als alles in Maaassen kam. Im Winter spricht man von Schneemassen, früher sagte man: «Es schneielet.»

Ständig hat der Bundesrat in der letzten Zeit die Ventilklausel angerufen, Gott sei Dank ist nie jemand rangegangen. Unablässig hässig habt ihr euch darüber mokiert, dass wir immer sagen: «Ich kriege ein Bier» statt «Chönnt ich villicht bitte e Stange übercho?» Na und? Kriege – dieses Wort ist für uns Deutsche etwas völlig Normales! Das ist nicht der einzige «Tolggen im Reinheft», wie es bei euch so schön heisst – was immer das bedeuten mag. Eure ständige Kompromissbereitschaft gilt bei uns als Duckmäusertum. Was bei uns aber als Durchsetzungsvermögen gepriesen wird, ist bei euch wiederum als Ellenbögeln verpönt. Wir haben Kostenexplosionen, ihr als Älpler natürlich Kostenlawinen! Jahrelang habt ihr uns gepiesackt und uns zu Schwingfesten mitgeschleppt. Diese

Brachialintegration ist gründlich schiefgegangen. Auch Hornussen haben wir nie kapiert. Ebenso wenig euer Vereinsleben. Auf der Homepage der Gemeinde Lachen im Kanton Schwyz steht z. B.: «Vor allem die Schützen treffen sich regelmässig.»

Nein, euer Mitleid wollen wir nicht! Schwiizer, mr gönd! Nur: Was macht die *SVP* bloss, wenn sie uns nicht mehr als Feindbild hernehmen kann? Dann muss sie sich tatsächlich einmal ein richtiges Thema ausdenken, die «Unterfremdung» beispielsweise. Vergesst bitte nie: Etwa 77 Prozent aller Schweizer sind Inländer. Ihr werdet schon sehen, was ihr davon habt, wenn ihr auf niemandem mehr herumhacken könnt. Uns ist das egal, auf Einzelscheusale kann keine Rücksicht genommen werden, Blocherdämmerung hin oder her.

Jahrelang wolltet ihr, dass die Deutschen endlich Schrumpfgermanen werden, und jetzt das! Aufwachen, Schweizer, bevor die Deutschen unter Artenschutz gestellt oder in Laboren nachgezüchtet werden müssen. Dann müsst ihr nämlich nett zu uns sein. Gut, dass ihr die Erhöhung der Autobahnvinaigrette abgelehnt habt, war ein erstes Friedensangebot, aber da muss schon noch mehr kommen, sonst geben wir euch nämlich die Sächsische Schweiz zurück, und dann könnt ihr euch mit dem Nazipack dort rumärgern. Die Schweiz hat einen miserablen Ruf zu verlieren, und ich habe den passenden Soundtrack praktisch schon im Ohr: «Deutsche, kommt bald wieder, bald wieder zurück ...»

Und siehe da: Plötzlich, heisst es, möchten die Schweizer gern wieder mehr Deutsche im Land – Moment! Als Touristen! Deshalb hat *Schweiz Tourismus* ein sog. Rückeroberungsprogramm gestartet, eine Sieben-Millionen-Franken Kampagne mit dem schönen Namen «Grüezi, Deutschland». Sensationeller Slogan. Jürg Schmid, der Chef von *Schweiz Tourismus,* sagt: «Wir müssen mit Erlebnisattraktivität punkten!» Sensationeller Ansatz. Das dürfte schwierig werden, leider: Gerade jetzt, da sich immer weniger Deutsche trauen, Schwarzgeld über die Grenze zu bringen, fehlt schon mal der Nervenkitzel. Von wegen «Tu deinem Konto etwas Schönes, machs wie Uli Hoeness!» – diese Zeiten sind passé. Im Vergleich zum Vorjahr gab es 2013 etwa 52 000 Logiernächte von Deutschen weniger. Hauptknackpunkt ist der starke Franken. Den zu entkräften ist schwer. Vielleicht sollte man für deutsche Gäste eine Parallelwährung einführen. Noch besser wäre es allerdings, die Besucher mit einem Begrüssungsgeld auszustatten, viele kennen das noch von früher.

Schweiz Tourismus will in der Kampagne «die Schönheit der Schweiz besingen und auf sympathische und humorvolle Weise der deutschen Kundschaft ihre Schweizer Ferienerlebnisse in Erinnerung rufen». Besingen? Das muss ehrlich gesagt nicht sein. Aber danke, dass ihr den Schwobe Humor unterstellt! Nur: «Ferienerlebnisse in Erinnerung rufen...» – ob das so eine gute Idee ist? Viele müssen da womöglich an den Blitzer am San Bernardino denken, dem sie die 300-Franken-Busse zu verdanken haben, oder an das Sauerstoffzelt am Jungfraujoch, in dem sie nach einem Höhenkoller reanimiert werden mussten. Angela Merkel hat an St. Moritz im Januar 2014 sicher keine besonders guten Erinnerungen. *Schweiz Tourismus* will auf deutschen Loks gezielt mehr Werbung machen. Liebe Schweizer, entre nous: Die Bahn ist in Deutschland nicht gerade ein Sympathieträger.

Nein, Schweizer, wir kommen nicht einmal mehr als Touristen, geschweige denn lassen wir uns mit Sexualhormonen in irgendwelche Touristenfallen locken. Höchstens mit einer Neuauflage des *Rattenfängers von Hameln* – Beatrice Egli, übernehmen Sie! Es wird schwierig – allein die hochfliegenden kulturellen Ansprüche der Deutschen, die *Schweiz Tourismus* befriedigen müsste: Aufhebung des

Tempolimits! Gratiszugang zur VIP-Lounge des FC Basel. Ausbau der Uferbebauung von Rorschach zum Bodensee-Ballermann, und dort endlich: Freibier! I ha gschlosse!

21
Koordinaten.
Die Zusammenfassung.

Schweiz – Land zwischen
Schweizerkreuz & -quer.
Mängisch & Einisch.
Mehr & Winiger.
Herzig & Harzig.
Pfadi & Badi.
Business & Swissness.
Wellness & Tellness.
Muni & Munition.
Brocki & Schoggi.
Abzockern & Abhockern.
Werweissern & Schnellbleichern.
Abstimmung & Missstimmung.
Beitritt & Fusstritt.
Peking-Ente & Konting-Ente.
Rucola & Ricola.
Rivella & Vasella.
Beatrice Egli & Egli-Filets.
Chilbi & Chili.
Gipfel & Gipfeli.

Pipilotti & Risotti.
Rigi & Rigips.
Rickli & Zickli.
Zoccoli & Broccoli.
Giacometti & Giaccobo.
(bzw. anders herum wg. der Steigerung)
Höhenkoller & Röbi Koller.
Gotthard & Leuthard.
Pilatus & Pilates.
Apéro & Aperto.
Cup & Cüpli.
Flims & Flums.
Gams & Goms.
Silvretta & Silvaplana.
Simonetta & Sommaruga.
Schwyzer & Örgeli.
(Sorry, Herr Mörgeli,
von mir kriegen Sie keinen eigenen Reim:
Was du heute kannst besörgeli,
das verschiebe nicht auf mörgeli!)
Kabarett & Minarett.
Pikett & Plakette.
Fernsehen & Bernsehen.
Chattern & Tschuttern.
Petkovic & Pet-Flaschen.
Schwingern & Swingern.
Genuss & Hornuss.
Natur & Naturaplan.

Fendant & Fondue.
Rebbau & Raubbau.
Cervelat & C'est la vie.
Jura & Nescafé.
Roderer & Federer.
Tennisarm & Steuerfuss.
Apps & Appenzell.
Rappern & Rapperswilern.
Kreis 5 & Jungfrauregion.
Dreierbund & flotter Dreier.
Konkordanz & Konkurrenz.
UBS & USB-Stick.
~~Credit Suisse & Miss Credit.~~*
Kuh & IQ.
Botox & Halbtax.
Höllä & Gölä.
Nüd & Nöd.

*gestrichen von der EKBTF (siehe Seite 21)

Bonustrack: Fragen an die Schweizer

Nach eingehendem Studium dieses Buches sollte es für Schweizer ein Leichtes sein, die folgenden Fragen zu beantworten:

Liebe Aargauer, werden bei euch tatsächlich Rotweine im Baregg ausgebaut?

Gibt es in Appenzell-Ausserrhoden eigentlich noch ein Nacktflugverbot?

Liebe Basler in der Stadt, ist Basel eigentlich immer noch das Pharmadies auf Erden?

Liebe Basler auf dem Land, wenn ihr doch ein Halbkanton seid – seid ihr wenigstens die bessere Hälfte? Und aus was besteht eigentlich die andere?

Liebe Berner, wie kann man Langsamkeit entschleunigen? Und sorry für das Klischee, aber wenn wir schon dabei sind: Was ist noch gleich ein Bernout?

Liebe Schweizer, wisst ihr eigentlich, dass die Finanzdienstleisterfirma von Carsten Maschmeyer, einem der Übelsten in der Branche, *Swiss Life Direct* heisst? Wieso unternehmt ihr nichts dagegen? Das ist Rufmord!

Affoltern – leitet sich der Name etwa von Tierversuchen ab? Skandalös!
Liebe Genfer, ihr betreibt jetzt seit 60 Jahren Kernforschung, habt aber bislang noch nirgendwo Kerne entdecken können ausser in Steinobst und in Pudeln. Wie lange wollt ihr noch so weitermachen?
Liebe Glarner – müsstet ihr nicht Glarussen heissen?
Liebe Graubündner, wieso habt ihr ein Schiffahrtsamt und ist der Silsersee auf 1800 Meter schon ein Hochsee, zu dem man hochsehen kann?
Liebe Jurassier, euer Kanton schwächelt. Habt ihr euch einmal überlegt, euch aus Marketinggründen vielleicht in *Jurassic Parc* umzubenennen?
Liebe Neuenburger, wozu lernt ihr eigentlich Frühfranzösisch in der Schule? Und ab wann morgens?
Warum sieht man in allen Einkaufsstrassen so viele Schilder, auf denen *Schild* steht?
Liebe Nidwaldner, warum wird bei euch als einzigem Schweizer Kanton Wolfenschiessen veranstaltet?
Liebe Alpenbewohner, warum sind eure Berge nur immer so müde? Hier gähnen Abgründe, heisst es.
Liebe Sankt Galler, ohne Senf, hm? Warum nicht ohne Sahne?

Liebe Schaffhauser, warum darf man bei euch keine Wortspiele mit Reinfall machen?
Liebe Schwyzer, wieso noch gleich wollte Wilhelm Tell dem Sheriff von Nottingham ans Leder?
Liebe Solothurner, macht euch Niedergösgen nicht nervösgen?
Liebe Tessiner, wieso ist die *Lega* bei euch legal?
Liebe Thurgauer, stimmt es, dass a doctor a day the apple away keept?
Liebe Waadtländer, warum gibt es ausgerechnet in Montreux ein Jassfestival?
Liebe Walliser, ist Herr Freysinger wirklich oskarverdächtig? Und enthält der Eidechsli-Wii tatsächlich Rebtilien?
Liebe Zuger, der Anteil der Ausländer in eurem Kanton liegt bei 40 Prozent, vorwiegend leben Briten und Amerikaner bei euch. Warum wird der Kanton nicht endlich in «Train» umbenannt?
Liebe Zürcher, wieso sind keine Fragen mehr übrig?

Widmige

Aargau: Monika Känzig. Werner Bodinek.

Basel: Fredy Heller. Erika Schär. Christine und Geri Stocker. Christoph Schwegler. Pink Pedrazzi. Lukas Holliger. Alexander Götz.

Bern: Peter Bissegger. Christian Brantschen. Tini Hägler. Annemarie Mühlemann. Lisa Catena.

Biel: Beatrice Schmidt.

Graubünden: Martin Vincenz. Flurin Caviezel. Corin Curschellas. Caspar Fierz. Familie Züllig.

Schaffhausen: Max Schlumpf.

Schwyz: Benno Kälin.

St. Gallen: Ester Hungerbühler. Ilse Pauli. Peter Eggenberger. Werner und Maria Stuber.

Solothurn: Christa Hirschi. Zita und Claude Schoch. Thomas und Franziska Knapp. Alex Capus. Pedro Lenz. Peter Niklaus. Gesellschaft Oltner Kabarett-Tage.

Zürich: Anina Barandun. Sibyll Schaeren Kramer. Daniel Ludwig. Franz Hohler. Bänz Friedli. Urs Heinz Aerni.

Exil: Jean-Michel Raeber. Stefanie Anrig.

Grossen Dank an Bernd Oehler für Tipps und Engagement.

In memoriam Christian Bleiker und Fritz Zaugg.

Für Celia und Beatrice.

Thomas C. Breuer (geb. 1952 in Eisenach/Thüringen) ist seit 38 Jahren als Kabarettist und Autor unterwegs, über 25 davon auch in der Schweiz mit speziell helvetischen Programmen, u. a. auf Festivals in Arosa, Olten, Zürich. Mehr als 3100 Auftritte, 33 Bücher. Kolumne im *Nebelspalter*. Arbeitet fürs Radio, in der Schweiz regelmässig im Magazin *PET* und in der *Zytlupe* auf Radio SRF 1. 2014 erhielt Breuer den *Salzburger Stier*, den renommiertesten Kleinkunstpreis im deutschsprachigen Raum – von den Schweizern. Der Autor lebt in Rottweil (D) und in den Zügen von DB und SBB.

Satz Monika Stampfli-Bucher, Solothurn
Korrektorat Petra Meyer, Beromünster
Druck BoD - Books on Demand GmbH, Norderstedt

ISBN 978-3-906311-54-8

Sonderdruck der Originalausgabe, November 2018
(ISBN 978-3-906311-00-5)

Gedruckt auf umweltfreundlichem FSC-Papier.

www.knapp-verlag.ch

Der Knapp Verlag wird vom Bundesamt für Kultur
mit einem Strukturbeitrag für die Jahre 2016 – 2018
unterstützt.

Die Herausgabe wird durch den Verein «Freunde
des gepflegten Buches» gefördert.
www.freunde.knapp-verlag.ch